福建省中等职业学校学生学业水平考试复习指导用书

市场营销基础

主 编：蒋舒凡 蔡瑞蓉

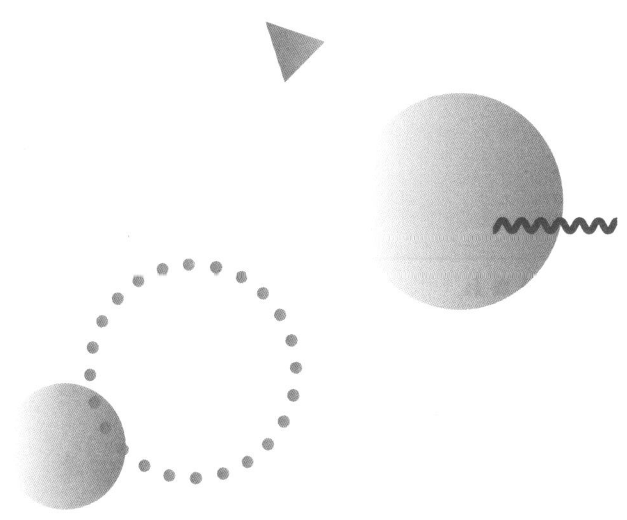

厦门大学出版社 XIAMEN UNIVERSITY PRESS
国家一级出版社
全国百佳图书出版单位

前　言

党的二十大报告指出,“教育、科技、人才是全面建设社会主义现代化国家的基础性、战略性支撑。”培养什么人、怎样培养人、为谁培养人是教育的根本问题。育人的根本在于立德,我们教师应该全面贯彻党的教育方针,落实立德树人根本任务,培养德智体美劳全面发展的社会主义建设者和接班人。

本教材是根据福建省颁布的《福建省深化考试招生制度改革实施方案》、《福建省中等职业学校学生学业水平考试实施办法(试行)》和《福建省中等职业学校学生综合素质评价实施办法》等有关文件精神,结合福建省中职学校“市场营销基础”课程教学的实际情况编写而成,旨在帮助考生提升对市场营销基础知识的认知程度和运用知识分析问题、解决问题的能力,从而提升职业岗位能力。

本教材的编者都是市场营销专业一线教师,具有多年的理论及实践教学经验。教材分为概述、市场营销观念的演变、市场分析、市场细分和目标市场、产品策略、定价策略、分销渠道、促销策略、综合模拟试卷,一共9个部分,着重讲述市场营销理论知识和基本方法,每一部分都紧扣福建省中等职业学校学生学业水平考试“市场营销基础”课程考试大纲的要求,贴近中职学生,语言表达简练、概括,每一部分都有知识脉络、知识点讲解和同步练习,帮助学生深入理解教材,掌握每个章节的学习重难点。本教材内容从质量监控、命题方向出发,紧扣考点,突出重点,贴近教与学实际,符合市场营销学科的复习规律。

本书适合作为中职学校或高职招考“市场营销基础”学业水平考试的复习指导用书,也可作为自愿报名参加升学性考试的社会人员的复习指导参考书。

由于编者水平有限,书中如有不当之处,望各位专家和广大读者不吝赐教并予以指正。

编　者

目　录

建省中等职业学校学生学业水平考试大纲的通知》(闽教考〔2019〕10号)执行。

(三)专业技能考试

按专业进行,考试内容以教育部《中等职业学校专业教学标准(试行)》为依据,由中职学校按照专业人才培养方案确定。

五、考试方式

(一)公共基础知识考试

1.合格性考试。将德育、语文、数学、英语4门课程考试合并在一张试卷(公共基础知识综合卷Ⅰ),采取书面闭卷笔试方式,考试时长90分钟。计算机应用基础考试采取上机考试方式,考试时长60分钟。

2.等级性考试。将德育、语文、数学、英语4门课程考试合并在一张试卷(公共基础知识综合卷Ⅱ),采取书面闭卷笔试方式,考试时长60分钟。与合格性考试分卷分场举行。

(二)专业基础知识考试

1.合格性考试。使用专业基础知识卷Ⅰ,采取书面闭卷笔试方式,考试时长90分钟。

2.等级性考试。使用专业基础知识卷Ⅱ,采取书面闭卷笔试方式,考试时长60分钟。与合格性考试分卷分场举行。

(三)专业技能考试

专业技能合格性考试,采取现场实际操作或应用信息化综合实训平台等方式进行,具体考试方式、考试时长由中职学校根据实际确定。

六、考试时间

考试时间安排如下:

考试科目	考试时间
公共基础知识(计算机应用基础)	每年6月
合格性考试:公共基础知识(德育、语文、数学、英语)综合卷Ⅰ 等级性考试:公共基础知识(德育、语文、数学、英语)综合卷Ⅱ	每年6月
合格性考试:专业基础知识卷Ⅰ 等级性考试:专业基础知识卷Ⅱ	每年6月
专业技能	每年12月

公共基础知识考试(计算机应用基础)安排在一年级下学期,公共基础知识考试(德育、语文、数学、英语)安排在二年级下学期,专业基础知识考试安排在二年级下学期,专业技能考试安排在三年级上学期。

七、成绩评定与使用

（一）成绩评定

1.合格性考试。公共基础知识综合卷Ⅰ满分值 200 分，其中德育 40 分、语文 60 分、数学 60 分、英语 40 分；公共基础知识（计算机应用基础）满分值 100 分。专业基础知识卷Ⅰ满分值 150 分。专业技能满分值 100 分。

合格性考试各个科目根据原始成绩划定 5 个等级，由高到低分为 A、B、C、D、E，原则上 A 等级约 10％，B 等级约 35％，C 等级约 30％，D、E 等级约 25％，其中 E 等级为不合格，比例不超过 5％。合格性考试不合格的（不含缺考），由中职学校组织补考，补考通过的认定为 D 等级，仅用于毕业资格认定。补考方案由中职学校报设区市教育局、平潭综合实验区社会事业局备案后实施，省属中职学校报省教育厅备案。

2.等级性考试。公共基础知识综合卷Ⅱ满分值 100 分，其中德育 20 分、语文 30 分、数学 30 分、英语 20 分。专业基础知识卷Ⅱ满分值 100 分。

对于获得全国职业院校技能大赛一、二、三等奖和全省职业院校技能大赛一等奖的学生，合格性考试各个科目成绩认定为 A 等级；获得全省职业院校技能大赛二、三等奖的学生，专业基础知识、专业技能合格性考试成绩认定为 A 等级；获得全省职业院校技能大赛优秀奖的学生，专业基础知识合格性考试成绩认定为 B 等级，专业技能合格性考试成绩认定为 A 等级。技能大赛获奖学生合格性考试成绩等级认定仅作为毕业依据。有升学意愿的技能大赛获奖学生仍需参加合格性考试和等级性考试，有关升学照顾政策按照《福建省教育厅关于印发福建省高职院校分类考试招生改革实施办法的通知》（闽教学〔2019〕35 号）有关录取照顾政策执行。

（二）成绩使用

合格性考试成绩作为评估中职学校办学质量重要依据，是中职学生毕业的依据之一。

公共基础知识（德育、语文、数学、英语）和专业基础知识的合格性考试、等级性考试成绩作为高职院校、应用型本科院校招收中等职业学校毕业生的依据之一。

1.2　市场营销基础考纲

福建省中等职业学校学业水平考试
“市场营销基础”课程考试大纲

本考试大纲以教育部《中等职业学校专业教学标准》为指导，结合福建省中职学校“市场营销基础”课程教学的实际情况而制定。

一、考试目标与要求

“市场营销基础”课程主要考查学生对市场营销基础知识的认知程度和运用知识分析问题、解决问题的能力，能达到职业岗位能力的基本要求。考试目标与要求如下：

1.了解层次：要求对某一概念、知识内容，能够准确再认、再现，具有初步识别、辨认事实或正确描述对象的基本特征的能力，即知道“是什么”。

2.理解层次：要求对某一概念、知识内容，在了解基础上，能够深刻领会相关知识、原理、方法，并借此解释、推断、分析现象，辨明正误，即明白“为什么”。

3.掌握层次：要求能够灵活运用相关原理、法则和方法，综合分析、解决实际问题，进行总结论述，与已有技能建立联系，即清楚“怎么办”。

二、考试范围与考核要求

（一）市场营销概述

1.了解生产观念、产品观念、推销观念、市场营销观念、社会营销观念产生的背景；

2.掌握生产观念、产品观念、推销观念、市场营销观念、社会营销观念的内容；

3.理解市场、市场营销和交换的概念；

4.掌握传统营销观念和现代营销观念的区别。

（二）市场分析

1.了解宏观环境和微观环境的构成；

2.掌握市场营销环境 SWOT 分析法；

3.理解消费品市场的概念；

4.掌握影响消费者购买行为的主要因素；

5.掌握消费者购买决策过程。

（三）市场细分和目标市场

1.了解市场细分的标准；

2.理解市场细分、目标市场、市场定位的概念；

3.掌握目标市场的营销策略；

4.掌握市场定位的策略。

（四）产品策略

1.了解新产品开发程序、品牌种类；

2.理解产品概念、产品整体概念、产品生命周期概念、新产品概念和品牌概念；

3.掌握产品组合策略、产品生命周期各阶段（主要是成长期和成熟期）的特点及营销策略、品牌策略。

（五）定价策略

1.了解商品的价格构成、了解企业调价的两种情况；

2.掌握影响企业产品定价的因素；

3.掌握六种定价策略，重点掌握新产品定价策略和心理定价策略；

4.掌握三种定价方法，重点掌握成本导向定价的三种方法。

(六)分销渠道策略

1.了解分销渠道基本类型、中间商的类型；

2.理解分销渠道的概念；

3.掌握影响分销渠道选择的因素并进行应用。

(七)促销策略

1.了解促销影响因素，理解促销组合含义，掌握促销组合策略；

2.了解人员促销特点，掌握人员促销方法；

3.了解广告媒体的种类，掌握广告的基本要求和选择的影响因素；

4.了解适合消费者的营业推广方式；

5.了解公共关系的特点和形式。

(八)市场营销组合

理解市场营销组合(4Ps)的含义。

三、考试形式及试卷结构

(一)考试形式

1.考试采用闭卷、笔试形式，考试不使用计算器；

2.卷Ⅰ满分为150分，考试时间为90分钟；

3.卷Ⅱ满分为100分，考试时间为60分钟。

(二)内容比例

序　号	内　容	分值比例(约占%)
一	市场营销概述	8
二	市场分析	16
三	市场细分和目标市场	15
四	产品策略	16
五	定价策略	16
六	分销渠道策略	12
七	促销策略	15
八	市场营销组合	2
	合　计	100

(三)考试题型

1.卷Ⅰ考试题型包括单项选择题、判断题等题型；

2.卷Ⅱ考试题型包括单项选择题、多项选择题、案例选择题、案例分析题等题型。

第二章　市场营销观念的演变

考纲要点:【分值比例10%。其中,市场营销概述8%,市场营销组合2%】

1.了解生产观念、产品观念、推销观念、市场营销观念、社会营销观念产生的背景;
2.掌握生产观念、产品观念、推销观念、市场营销观念、社会营销观念的内容;
3.理解市场、市场营销和交换的概念;
4.掌握传统营销观念和现代营销观念的区别;
5.理解市场营销组合(4Ps)的含义。

知识脉络

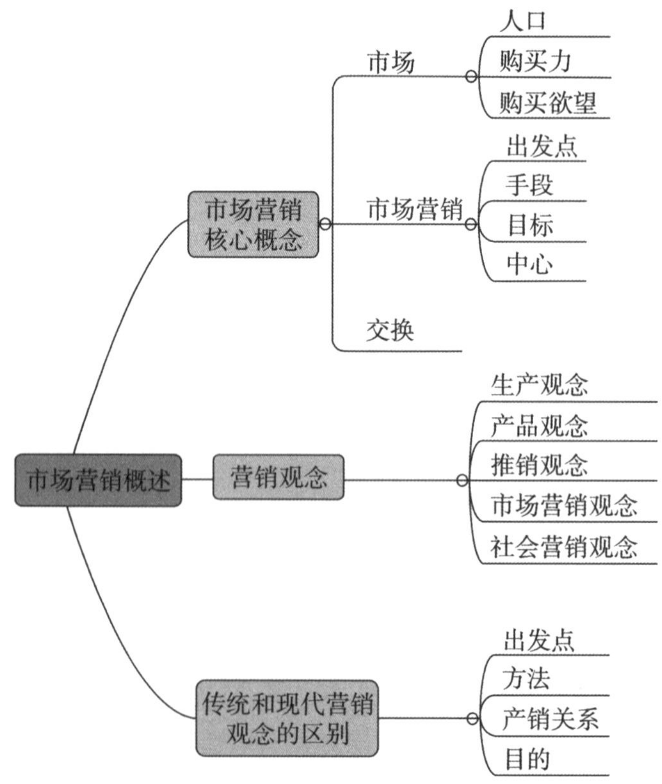

皮尔斯堡面粉公司的长盛不衰

美国皮尔斯堡面粉公司于1869年成立,从成立到20世纪20年代以前,这家公司提出“本公司旨在制造面粉”的口号。之所以提出这个口号,是因为在那个年代,人们的消费水平很低,面粉公司无须太多宣传,只要保持面粉质量,降低成本与售价,销量就会大增,利润也会增加,而不必研究市场需求特点和讲究推销方法。1930年前后,皮尔斯堡面粉公司发现,在推销公司产品的中间商中,有的已开始从其他厂家进货,竞争加剧,销量开始下降。公司为扭转这一局面,第一次在公司内部成立商情调研部门,并选派大量推销人员,同时把口号改为“本公司旨在推销面粉”,更加注意推销技巧,进行大量广告宣传,甚至开始硬性兜售。然而随着人们生活水平的提高,各种强力推销方式未能满足顾客经常变化的新需求,这迫使皮尔斯堡面粉公司从满足顾客心理和实际需求的角度出发,对市场进行研究分析。1950年前后,公司根据第二次世界大战后美国人的生活需要,开始生产和推销各种成品和半成品的食品,使销量迅速上升。

1958年,该公司又进一步成立了皮尔斯堡销售公司,着眼于长期占领市场,着重研究此后3～30年的市场消费趋势,不断设计和制造新产品,培训新的推销人员,使公司能不断地适应市场需求,保持了旺盛的生命力。

思考:

(1)是什么原因促使皮尔斯堡面粉公司的营销观念发生了转变?

(2)请根据这一转变,说明市场营销观念的转变及各阶段的特点。

(3)皮尔斯堡面粉公司保持旺盛生命力的原因是什么?

2.1　市场营销核心概念

一、市场的概念

市场是社会分工和商品经济发展的产物,最早是指买主和卖主聚集在一起,进行商品或劳务交换的场所,如集市、商城等。但是,随着商品经济的不断发展,这一狭义的市场概念,已不能全面、准确地反映人类商品经济活动的交换过程、范围和本质,因此,现代市场概念已经远远超越了时间和空间的限制,其范围更广、内涵更丰富,主要有以下几层含义:

(1)市场是商品交换的场所。市场是买卖双方购买或出卖商品,进行交易活动的场所、地点。

(2)市场是对某种商品或劳务具有支付能力的需求。

(3)市场是对某种商品或劳务具有需求的所有现实和潜在的购买者。这就是说,市场是由有需求的特定人群构成的。市场的大小取决于这些人群的总量、购买欲望和支付能力。这层含义是市场营销理论特别强调的。因此,可以把市场概括为以下公式:

市场=人口+购买欲望+购买力

在这里,人口是构成市场的基本要素,哪里有人、有消费者,哪里就有市场。人口是决定一个国家或地区市场的前提条件,从这一点认识市场,可以把市场定义为:市场是为了满足某种需要而购买,或准备购买某种特定商品或服务的消费群体。

(4)市场是商品交换关系的总和。它主要是指买卖双方、卖方与卖方、买方与买方、买卖双方与中间商及中间商之间,伴随着商品交换而发生的关系。

考核层次:理解

对应考纲要点:第3点

考核样题:

(多项选择题)从企业营销的角度看,市场是(　　　　)的综合。

A.价格　　　　B.人口

C.购买力　　　　D.购买欲望

【参考答案】BCD

【解析】本题主要考查对市场概念的理解。从企业营销的角度看市场三要素包括:人口、购买力和购买欲望,因此选BCD。

二、市场营销的概念

市场营销是指在以顾客需求为中心的思想指导下,企业所进行的有关产品生产流通和售后服务等与市场有关的一系列经营活动,包括市场调查和预测、产品构思和设计、产品生产、定价、分销、促销和售后服务等内容,旨在满足市场需求,实现企业的经营目标。

从市场营销的概念可以清楚地看到市场营销包括四个要点:

(1)出发点:顾客需要。

(2)手段:各种战略与策略。

(3)目标:满足顾客需求和实现自身目标。

(4)中心:达成交易。

考核层次:理解

对应考纲要点:第3点

考核样题:

(单项选择题)市场营销是为了(　　)。

A.赚钱　　　　B.增加销售

C.满足顾客需求和实现自身目标　　　　D.达成交易

【参考答案】C

【解析】本题主要考查对市场营销的概念的理解。市场营销的目标是满足顾客需求和实现自身目标，因此选C。

三、交换的概念

所谓交换是指通过提供某种东西作为回报，从别人那里取得所需物的行为。交换的发生，必须具备以下五个条件：

(1)至少有两方(买方和卖方)。

(2)每一方都有被对方认为有价值的东西。

(3)每一方都能沟通信息和传送物品。

(4)每一方都可以自由接受或拒绝对方的产品。

(5)每一方都认为与另一方进行交换是适当的，或称心如意的。

交换是一个过程，所有的营销活动都服务于这一过程的实现，包括企业的产前活动和售后活动。如果双方正在进行谈判并趋于达成协议，就意味着他们正在进行交换，一旦达成协议，我们就说发生了交易行为。交易是指买卖双方等价值的交换，包括货币交易和实物交易。

注意：交换指的是一个过程，而交易指的是一次性的活动，它随着交换协议的达成而产生。

考核层次：理解

对应考纲要点：第3点

考核样题：

(判断题)交换是指买卖双方等价值的交换，包括货币交易和实物交易，是一次性的活动。(　　)

A.正确　　　　　　B.错误

【参考答案】B

【解析】本题主要考查对交换概念的理解。交换是一个过程，所有的营销活动都服务于这一过程的实现，包括企业的产前活动和售后活动，因此题干表述是错误的。

2.2　营销观念

营销观念是指企业进行生产经营活动的基本指导思想。企业的经营观念不同，其经营目标和任务就会有根本差别，企业的组织结构、业务程序、经营活动方式也会发生相应的变化，从而直接影响企业的经济效益。一定的企业经营观念是一定社会经济发展的产物，是随着商品经济的发展和企业经营环境的变化而不断演变和发展的，这个过程大致经历了五个阶段，分别是生产观念、产品观念、推销观念、市场营销观念和社会营销观念。

一、生产观念

1.产生背景

生产观念是在卖方市场条件下，以生产为中心的经营观念。

2.内容

生产观念认为，消费者欢迎那些买得到而且买得起的产品，企业生产什么就卖什么，只要生产出来了就不愁没有销路。企业经营管理的重点是提高生产效率，增加产量，降低成本，在销售方面用不着花费精力。显然，生产观念是在卖方市场条件下，以生产为中心的经营观念，表现为“我们生产什么，顾客就买什么”，是一种重生产、轻市场的观念。例如，美国福特汽车从1914年开始生产的T型汽车，在生产观念的指导下，采取大规模生产降低成本的策略，使更多人能买得起汽车。1921年，福特T型汽车在美国市场上的占有率达到56%，当时的口号是“我们只生产黑色汽车”。

生产观念适应的情况主要有两种：(1)产品供不应求，购买者没有什么选择余地；(2)企业以提高产量、降低成本、扩大销售为竞争手段。

考核层次：掌握

对应考纲要点：第2点

考核样题：

(单项选择题)美国福特汽车公司的创始人亨利·福特曾自豪地说：“不管顾客需要什么颜色的汽车，我只生产一种黑色的。”这一观念属于(　　)。

A.产品导向观念　　B.生产导向观念

C.市场导向观念　　D.推销导向观念

【参考答案】B

【解析】本题主要考查对生产观念的理解。生产观念是在卖方市场条件下，以生产为中心的经营观念，因此选B。

二、产品观念

1.产生背景

产品观念是一种盛行于20世纪40年代的营销观念，是继生产观念之后产生的又一种生产导向的营销观念。

2.内容

产品观念是在卖方市场产生了一定程度的竞争，消费者有了一定选择权的经济条件下产生的。它的特点是：强调产品质量，而忽视市场需求。这种观念认为，消费者喜欢那些质量好，价格低廉的商品，企业只要全力提高产品质量，降低成本，使自己的产品物美价廉，顾客就会找上门来购买，就不愁销售。“酒香不怕巷子深”，就是对这一观念最好的诠释。实践证明，这种只重产品研发，孤芳自赏，忽视市场需求变化的观念是“市场营销近视症”，缺乏远见，最终会导致企业在竞争中处于劣势地位。

考核层次：掌握

对应考纲要点：第 2 点

考核样题：

（单项选择题）（　　）认为“只要产品质量好，销路绝对没问题！”

A.推销导向观念　　　　B.市场导向观念

C.产品导向观念　　　　D.社会导向观念拓展部分

【参考答案】C

【解析】本题主要考查对产品观念的理解。产品观念以生产为导向，强调产品质量，而忽视市场需求，因此选 C。

三、推销观念

1.产生背景

推销观念是在卖方市场向买方市场过渡时期产生的一种以推销为中心的经营观念。随着科技的发展，生产力水平有了较大的提高，社会商品数量增加，市场上某些商品开始供过于求，企业之间竞争加剧，生产和销售的矛盾日益尖锐，这就迫使企业家把经营的注意力从生产转到销售，逐步确立了以销售为中心的营销观念。

2.内容

推销观念认为，顾客一般不主动购买非必需的产品，但企业如果采取适当的促销措施，顾客可能会购买这些产品。企业的任务就是积极推销和大力促销，以扩大销售获取高额利润，其经营思想表现为“我们能卖什么，顾客就买什么”，推销观念强调了产品的销售环节，但没有真正从消费者需要的角度考虑。这种经营观念提高了销售在企业经营中的地位，但仍然属于以产定销的经营思想。

考核层次：掌握

对应考纲要点：第 2 点

考核样题：

（单项选择题）产生于卖方市场向买方市场过渡阶段、市场上部分产品供过于求的营销观念是（　　）。

A.产品观念　　B.生产观念　　C.推销观念　　D.市场营销观念

【参考答案】C

【解析】本题主要考查对推销观念的理解。推销观念是在卖方市场向买方市场过渡时期产生的一种以推销为中心的经营观念，因此选 C。

四、市场营销观念

1.产生背景

市场营销观念是在买方市场条件下，以顾客为中心的经营观念。第二次世界大战后，由于科技的进步，生产力有了明显的提高，社会产品数量剧增，市场需求在质和量方面都发生了重大变化，发达国家的市场已经变成名副其实的供过于求、买主处于优势地位的买方市场。生产和消费的矛盾日益尖锐，即使广泛采用推销手段，保证产品质量和制定合理的价格，也难以刺激消费。

2.内容

市场营销观念认为，企业只有明确目标顾客的需求，才能比竞争者更有效地提供产品和服务，满足顾客需求，实现企业目标。企业用市场营销观念取代以销售为中心的推销观念，消费者需要什么就生产什么、卖什么，以消费者需要作为企业生产经营和服务的出发点。企业的主要任务是从调查研究消费者需求和欲望出发，组织生产和营销。市场从原来的从事经营活动的终点变成起点，因此，从推销观念到市场营销观念，是企业经营观念的一次重大飞跃。

考核层次：掌握

对应考纲要点：第 2 点

考核样题：

（单项选择题）某企业认为“哪里有市场需要，哪里就有我们的市场机会”，该企业奉行的营销观念是（　　）。

A.生产观念　　B.推销观念

C.市场营销观念　　D.社会营销观念

【参考答案】C

【解析】本题主要考查对市场营销观念的理解。市场营销观念是在买方市场条件下，以顾客为中心的经营观念，因此选 C。

五、社会营销观念

1.产生背景

社会营销观念产生于 20 世纪 70 年代，市场营销的发展一方面给社会及广大消费者带来了巨大的利益，另一方面却造成了环境污染，破坏生态平衡。例如，消费者使用汽车在获得快捷舒适的同时，也被迫接受了汽车排出的废气和噪声的污染；清洁剂满足了人们清洗的需要，却污染河流，不利于鱼类生长；有些美味食品满足了人们的口腹之欲，却因脂肪含量太高，有碍身体健康。这一切引起了消费者的不满，并掀起了消费者权益保护运动和生态平衡保护运动，迫使企业在营销活动过程中，不但要满足消费者的需求和欲望，而且要保护和提高消费者和社会的长远利益。

2.内容

社会营销观念是以社会利益为中心的营销观念，这种观念强调在满足市场需求、获取利润的同时，还必须注意到社会的利益。它要求企业在营销活动中，把企业、消费者和社会三者的利益有机结合起来。社会营销观念是对市场营销观念的完善，它突破了生产—销售的领域，而对人类的社会活动及未来的发展给予关注。

考核层次：掌握

对应考纲要点：第2点

考核样题：

（多项选择题）社会营销观念比市场营销观念更强调（　　）三者利益的协调。

A.宏观市场　　B.企业利润　　C.消费者需求的满足

D.生态环境　　E.社会整体

【参考答案】BCE

【解析】本题主要考查对社会营销观念的理解。社会营销观念是以社会利益为中心的营销观念，这种观念强调在满足市场需求和获取利润的同时，还必须注意到社会的利益，因此选BCE。

2.3　传统营销观念和现代营销观念的区别

纵观营销观念演变的历史，不同时期的营销观念各不相同。它是人们在营销研究和营销实践中，随着社会经济的发展和营销环境的变化，不断更新观念的结果，以上五种观念可以归纳为两类，前三种是以生产为中心的传统观念，后两种是以市场（顾客或消费者）为中心的现代观念。两类营销观念的比较如表2-1所示。

表2-1　传统营销观念和现代营销观念的比较

	出发点	方法	产销关系	目的
传统营销观念	企业产品	增产或推销	以产定销	通过扩大销售获利
现代营销观念	顾客需要	整体营销	以需定销，产需结合	通过满足需求获利

考核层次：掌握

对应考纲要点：第4点

考核样题：

（多项选择题）下列哪些观念属于以顾客或消费者为中心的现代营销观念？（　　）

A.生产观念　　B.推销观念　　C.市场营销观念

D.产品观念　　E.社会营销观念

【参考答案】CE

【解析】本题主要考查传统营销观念和现代营销观念的区别，因此选 CE。

2.4 市场营销组合(4Ps)的含义

所谓市场营销组合是指企业开展营销活动所应用的各种可控因素的组合，主要包括产品(Product)、价格(Price)、渠道(Place)、促销(Promotion)。

考核层次：掌握

对应考纲要点：第 5 点

考核样题：

(单项选择题)市场营销组合中 4Ps 是指产品、价格、渠道和(　　)。

A.公关　　B.竞争者　　C.促销　　D.手段

【参考答案】C

【解析】本题主要考查对市场营销 4Ps 理论的掌握情况。由知识点可知，本题应选 C。

同步练习

一、单项选择题(本大题共 20 小题，在每小题给出的四个选项中，只有一项符合题目要求)

1.推销观念产生于(　　)。

A.买方市场　　B.卖方市场

C.买方市场向卖方市场过渡　　D.卖方市场向买方市场过渡

2.买方市场是指(　　)的市场态势。

A.供不应求　　B.供大于求

C.供求平衡　　D.产品不足

3.把消费者利益、社会利益和企业利益三者相结合的营销观念是(　　)。

A.推销观念　　B.市场营销观念

C.绿色营销观念　　D.社会营销观念

4.产品观念是(　　)的营销观念。

A.生产导向　　B.消费导向

C.顾客导向　　D.科技导向

5.顾客导向是现代市场营销的基本观念，它要求营销活动要以(　　)为中心。

A.政府机关　　B.消费者　　C.生产企业　　D.创新产品

6.交换能否真正发生，取决于(　　)。

A.企业(卖者)是否能取得利润

B.消费者(买者)的需求是否得到满足

C.双方能否找到交换条件

D.在交换中，买卖双方谁更主动、更积极地寻求交换

7.市场营销是指在以(　　)的思想指导下，企业所进行的有关产品生产、流通和售后服务等与市场有关的一系列经营活动，旨在满足市场需求，实现企业的经营目标。

A.产品高效化为中心　　B.顾客需求为中心

C.提高质量为中心

D.市场交换为中心

8.传统营销观念的出发点是(　　)。

A.产品　　B.顾客需求

C.增产　　D.促销

9.希望从别人那里取得资源并愿意以某种有价之物作为交换的人称为(　　)。

A.市场营销者　　B.潜在顾客

C.制造商　　D.分销商

10.市场营销的核心是(　　)。

A.销售　　B.交换　　C.推广　　D.宣传

11.(　　)认为在满足消费者需求和创造利润的同时，还必须注意维护公众的长远利益。

A.推销导向观念　　B.市场导向观念

C.生态营销观念　　D.社会导向观念

12.小王是一家公司的采购员，他正和某一家具厂商谈关于买进20套办公桌的具体事宜，在市场营销中这种行为被称为(　　)。

A.公关　　B.交换

C.交易　　D.买卖

13.交换能否真正发生，取决于(　　)。

A.企业是否能取得利润

B.消费者的需求是否得到满足

C.双方能否找到交换条件

D.在交换中，买卖双方谁更主动、更积极地寻求交换

14.哪种观念下容易出现“市场营销近视症”？(　　)

A.生产观念　　B.推销观念

C.产品观念　　D.社会营销观念

15.市场营销组合的4Ps是指(　　)。

A.价格、权力、渠道、促销　　B.价格、广告、渠道、产品

C.价格、公关、渠道、产品　　D.价格、产品、渠道、促销

15.交换是一种行为,而交易是一个过程。(　　)

A.正确　　B.错误

16."您需要什么,让我们来为您生产"属于市场营销观念。(　　)

A.正确　　B.错误

17.企业在制定营销策略时,不需要考虑企业利润、消费者需求和社会利益三者的平衡。(　　)

A.正确　　B.错误

18.哪里有需求,哪里就有市场。(　　)

A.正确　　B.错误

19.市场导向营销观念的信念是:顾客是上帝,顾客的满意程度是企业未来利润最好的指示器。(　　)

A.正确　　B.错误

20.市场营销就是广告宣传。(　　)

A.正确　　B.错误

四、案例选择题(不定项选择,每一题的答案选择范围在1～4个之间,共5小题)

德国奔驰汽车公司是世界著名的汽车公司,该公司在生产经营过程中,始终奉行"顾客需求第一"的营销观念。为了更好地满足顾客的需求,该公司严格控制产品的质量,不断开发新产品投放市场,同时还向顾客提供优质的服务。奔驰汽车公司把产品与质量、创新、服务有机地结合起来,树立了公司整体产品的良好形象,为顾客提供了满意的产品和服务,从而使公司在激烈的市场竞争中获得成功,成为当今世界汽车行业中的佼佼者。

根据市场营销相关理论,试分析该案例:

1.奔驰汽车公司奉行的"顾客需求第一"的营销观念属于(　　)。

A.生产观念　B.产品观念　C.推销观念　D.市场营销观念　E.社会营销观念

2.(　　)是以社会利益为中心的观念。

A.生产观念　B.产品观念　C.推销观念　D.市场营销观念　E.社会营销观念

3.(　　)是以企业为中心的营销观念。

A.生产观念　B.产品观念　C.推销观念　D.市场营销观念　E.社会营销观念

4.奔驰汽车公司能获得成功的原因包括(　　)。

A.有正确的市场营销观念

B.规模大,资金雄厚

C.非常关注市场环境的变化,善于分析和捕捉市场重要信息

D.重视消费者的意见并能满足消费者的需求

5.奔驰汽车公司把产品与质量、创新、服务有机地结合起来,树立了公司整体产品的良好形象,为顾客提供了满意的产品和服务,体现了以下哪种营销方法?(　　)

A.整体营销　B.推销策略　C.增产营销　D.以产定销

第三章　市场分析

考纲要点:【分值比例 16%】

1.了解宏观环境和微观环境的构成；
2.掌握市场营销环境 SWOT 分析法；
3.理解消费品市场的概念；
4.掌握影响消费者购买行为的主要因素；
5.掌握消费者购买决策过程。

知识脉络

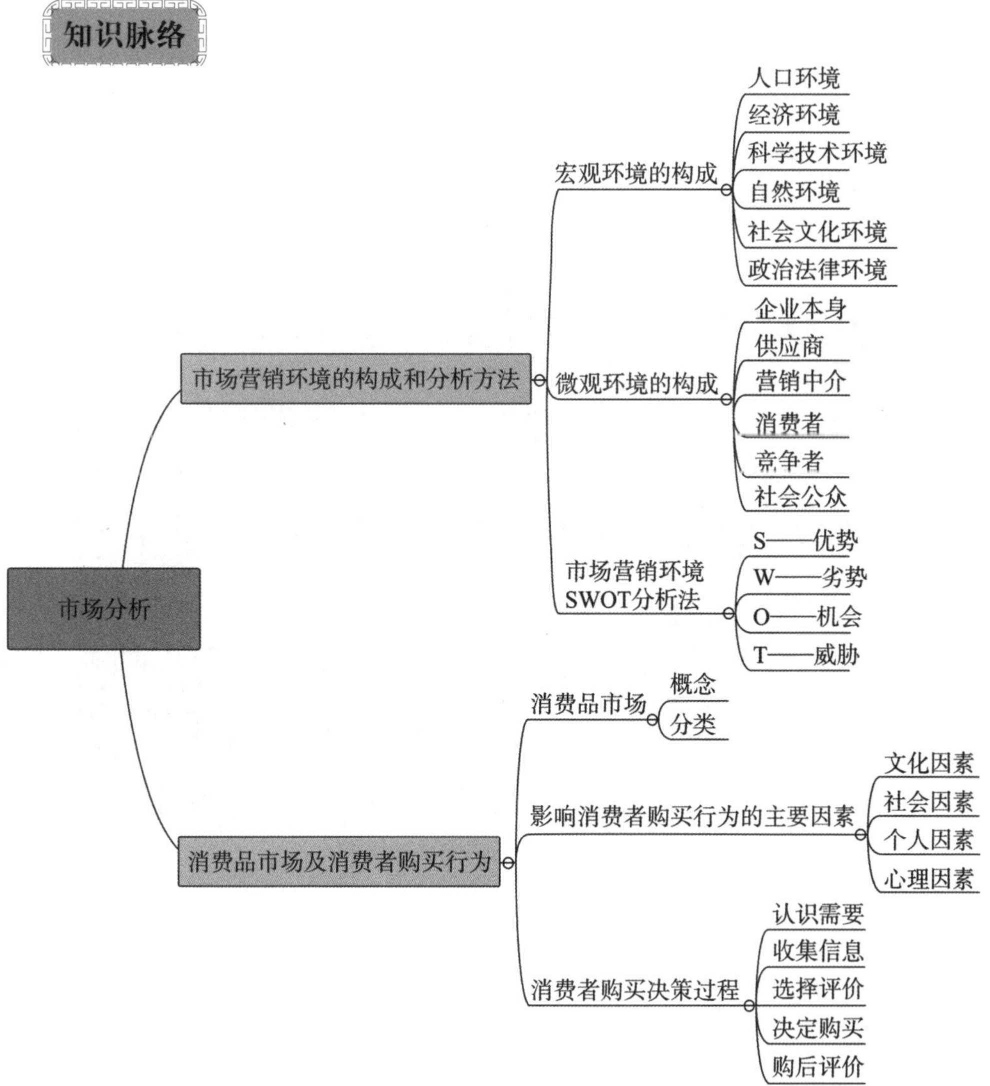

案例导入

大白兔的跨界营销

大白兔奶糖——中国最知名最受人们喜爱的糖果之一，它陪伴无数人度过了他们的童年——最初人们因其香醇的奶味与简单好记的名字而记住它。大白兔诞生于1959年——中华人民共和国成立十周年，当年，大白兔奶糖成为十周年的献礼产品。这一年，也是三年困难时期的第一年，在物资匮乏的年代里，它是极其珍贵的，是多少“60后”“70后”儿时最美好的记忆。

不过，大白兔已经问世60多年，这个老牌的糖果品牌一直面临产品线单一、增长乏力、竞争对手层出不穷不断挤压市场份额的问题。时至今日，关于国民奶糖大白兔究竟该如何一路演进，时刻紧跟时尚潮流，在保持年轻态的同时拉近与“90后”乃至“95后”主流消费人群的距离，仍是一件值得深思的事情。

于是大白兔开始了它的跨界营销之旅。2018年9月，大白兔与美妆品牌美加净合作推出了润唇膏，第一批上线920支，售价为78元2支，上线后1秒售罄。这一次合作的主题为“来点孩子气”，这显然已经洞察到大白兔粉们想要回到回不去的童年的心理。2019年5月23日，“气味图书馆×大白兔”香氛礼包上线3秒售罄，再一次充分证明了跨界联名的情怀牌的确很好用。大白兔不断地跨界推出其他领域的产品，不仅博得了关注和话题，同时帮助提升品牌传播度，打破过时的品牌形象。

未来你希望大白兔会与哪个行业合作，进一步实现自己的跨界营销之旅呢？

思考：

(1)请试着分析大白兔在开展“跨界营销”时，做了哪些市场营销环境的分析？

(2)请试着分析大白兔“跨界”产品的消费者购买行为特点？

(3)请试着分析“跨界营销”能够给企业带来什么好处呢？

3.1　市场营销环境的构成和分析方法

市场营销环境是影响企业从事营销活动的各种内外因素的总称，企业营销活动与其经营环境密不可分。根据企业对环境因素的可控度，市场营销环境可分为宏观市场营销环境和微观市场营销环境两大类。

3.1.1　宏观环境的构成

宏观市场营销环境是指企业无法直接控制的，能够给企业制造市场营销机会，同时也能形成环境威胁的外部因素，包括人口、经济、科学技术、自然、社会文化、政治法律等环境因素。

一、人口环境

人口是构成市场的第一要素，是影响企业营销活动的重要因素。人口的数量和增长率直接决定市场规模和潜在容量，人口的年龄、性别、结构、地理分布等也对市场格局产生着深刻影响，从而影响着企业的营销活动。企业需要重视对人口环境的研究，密切关注人口环境的变化及其发展动向，从而及时地调整营销策略以适应人口环境的变化。

1.人口数量

人口数量是决定市场规模的一个基本要素，人口数量的多少直接决定市场规模的大小和潜在容量的多少。长久以来，人口增长、人口结构等情况与经济、社会关系紧密。2010 年，我国第六次全国人口普查结果显示，我国大陆（31 个省、自治区、直辖市和现役军人，下同）总人口约为133 972万人，而 2020 年年初国家统计局发布的 2019 年我国经济数据显示，2019 年年末我国大陆总人口140 005万人，我国大陆人口首超 14 亿。从这些数据可以看出，我国大陆市场规模和潜在容量巨大。

2.人口增长率

一个国家、一个地区保持合理的人口数量和增长速度，可以促进经济和社会的发展。增长速度过快或者过慢都会带来人口问题，进而影响经济和企业的营销活动。人口增长能够促进社会总需求增加，从而为企业营销带来新的市场机会。例如，从我国 2015 年全面开放二孩政策以来，婴幼儿产品市场迎来了史无前例的机遇与发展时期。但是人口如果增长得过快也会限制经济的发展和人均国民收入的提高，使居民的就业、居住、教育、医疗等问题难以解决，造成住房紧张、交通阻塞、环境污染等，进而导致部分市场需求下降。

3.人口结构

人口结构主要包括性别结构、年龄结构、家庭结构、民族结构和社会结构。不同性别、年龄的消费者对商品和服务的需求存在着较大的差异，而且在购买行为与习惯上也存在着很大的差别。家庭是商品采购的基本单位。我们知道，过去这些年里我国的家庭结构发生了很大变化,三世同堂的大家庭越来越少,取而代之的更多的是“三口之家”或“四口之家”,这些变化都对企业的活动有着很大的影响。不同民族之间存在着生活习惯、价值观念、消费模式等多种差异,针对不同的民族特点,企业的营销活动也不尽相同。同时,人口结构中的社会结构,也是企业在开展营销活动时,需要密切关注的。

4.人口地理分布

人口的分布受自然条件、经济基础和社会等综合因素的影响和制约。人口疏密程度用人口密度表示。从世界人口地理分布来看,亚洲的东部和南部、欧洲西部,以及北美洲东部的沿海和平原地区,人口稠密。我国人口地理分布的总特点是:东部多、西部少;平原、盆地多,山地、高原少。除此之外,我国人口地理分布还有一个突出现象是:农村人口正逐步向城市流动。因此企业在制订营销计划时,要充分考虑人口地理分布这一因素,有的放矢地开展营销活动。

考核层次:了解

对应考纲要点:第1点

考核样题:

(单项选择题)(　　)包含人口数量、人口增长率、人口结构、人口地理分布等因素。

A.经济环境　　B.人口环境　　C.科学技术环境　　D.政治法律环境

【参考答案】B

【解析】本题主要考查对人口环境的了解。人口环境包含了人口数量、人口增长率、人口结构、人口地理分布等因素。因此选B。

二、经济环境

经济环境指的是企业在开展营销活动时所面对的外部经济因素,主要包括经济发展阶段,国家经济发展战略和发展状况,消费者收入、支出及消费结构,消费者储蓄和信贷情况等因素。

1.经济发展阶段

根据美国得克萨斯大学经济学和历史学教授罗斯托的经济成长阶段论,将一般的经济发展阶段分为:传统社会阶段、准备起飞阶段、起飞阶段、走向成熟阶段、大众消费阶段和超越大众消费阶段。一个国家或地区所处的经济发展阶段,会对这个国家的社会需求起到直接或间接的影响作用,进而影响企业的营销活动。

2.国家经济发展战略和发展状况

一个国家或地区的经济发展战略、方针政策与规定,不仅影响着当地的经济运行情况,还直接影响国民收入的高低。企业要根据目标营销国家或地区在一定时期内提出的经济发展战略、方针政策与规定,来研究制定企业的发展方向、营销目标和具体营销策略。

3.消费者收入、支出及消费结构

消费者收入是消费者在一段时间内(通常指一年)所获得的实际货币收入。消费者收入主要形成消费人口的购买力,收入水平越高,购买力就越强,但消费者收入不会全部用于消费。因此，对企业营销而言，有必要区别以下几种概念：

(1)个人可支配的收入，即个人收入中扣除各种税款(所得税等)和非税性负担(如工会费、养老保险、医疗保险等)后的余额。它是消费者个人可以用于消费或储蓄的部分，形成实际的购买力。

(2)个人可任意支配的收入，即个人可支配收入中减去用于维持个人与家庭生存所必需的费用(如水电、食物、衣服、住房等)和其他固定支出(如学费等)后剩余的部分。这部分收入是消费者可任意支配的，因而是消费需求中最活跃的因素，也是企业开展营销活动所要考虑的主要对象。

(3)家庭收入。许多产品的消费是以家庭为单位的，如冰箱、汽车、空调等，因此家庭收入的高低会影响许多产品的市场需求。

消费者的支出及消费结构的变化随着消费者收入的变化也会发生相应的变化。通常使用恩格尔系数来反映这种变化，同时也是衡量一个国家和地区人民生活水平状况的国际标准之一。它的计算公式如下：

$$\text{恩格尔系数}=\frac{\text{食物支出总额}}{\text{家庭收入总额}}\times 100\%$$

恩格尔系数表明：食物支出总额占家庭收入总额的比重，恩格尔系数越小，生活水平越高；反之，恩格尔系数越大，生活水平越低。

4.消费者储蓄和信贷情况

消费者的购买力还要受储蓄和信贷的直接影响。消费者个人收入不可能全部花掉，总有一部分以各种形式储蓄起来，这是一种推迟了的、潜在的购买力。消费者储蓄主要有两种形式：一是银行存款；二是购买有价证券。当收入一定时，储蓄越多，现实购买力就越小，但潜在购买力越大；反之，储蓄越少，现实购买力就越大，但潜在购买力越小。企业营销人员应当全面了解消费者的储蓄情况，尤其是要了解消费者储蓄目的的差异。储蓄目的不同，往往影响到潜在需求量、消费模式、消费内容、消费发展方向的不同。这就要求企业营销人员在调查、了解储蓄动机与目的的基础上，制定不同的营销策略，为消费者提供有效的产品和劳务。

所谓消费者信贷，就是消费者凭信用先取得商品使用权，然后按期归还贷款以购买商品。实际上这是消费者提前支取未来的收入，进行提前消费。消费者信贷主要分为短期赊销、分期付款和信用卡信贷等。1949 年以前，有些商店平时赊销，逢时过节收账，这也是一种消费者信贷的形式。21 世纪以来，由于生产迅速发展，许多商品供过于求，西方各国盛行消费者信贷。企业营销人员在开展营销活动的时候，要综合评价目标市场消费者的信贷水平。

考核层次：了解

对应考纲要点：第 1 点

考核样题：

(判断题)恩格尔系数可以用来衡量居民生活水平的高低。(　　)

A.正确　　　　　　B.错误

【参考答案】A

【解析】本题主要考查对恩格尔系数的了解。恩格尔系数表明：食物支出总额占家庭收入总额的比重，恩格尔系数越小，生活水平越高；反之，恩格尔系数越大，生活水平越低。因此选A。

三、科学技术环境

科学技术是社会生产力中最活跃的因素，它影响着人类社会的历史进程和社会生活的方方面面，对企业营销活动的影响作用主要表现在以下几个方面：

1.科技发展促进社会经济结构的调整

每一种新技术的出现、推广都会给某企业带来新的市场机会，推动新行业的出现。同时，也会给某些行业造成威胁，使这些行业受到冲击甚至被淘汰。例如，移动通信技术4G的运用，让众多的消费者从电脑端购物转移到手机端购物，直接创造了移动销售新模式，对传统零售行业造成了巨大的冲击。

2.科技发展促使消费者购买行为的改变

随着科学技术的迅猛发展，出现了“直播带货”“外卖点餐”等新型消费模式。工商企业也可以利用各种新媒体进行广告宣传、营销调研和推销商品。随着新技术革命的深入发展，“在家便捷购买，享受优质服务”的模式逐渐成为主流，推动渠道格局重塑，带给消费者更好的购买体验。

3.科技发展影响企业营销组合策略的创新

科技发展要求企业在新产品开发、产品定价、制定促销方案、确定分销渠道这几个方面都必须具有时代的特点，要求企业不断分析科技新发展，创新营销组合策略，以适应营销市场的新变化。

4.科技发展促进企业营销管理的现代化

科技发展为企业营销管理的现代化提供了必要的新技术和新装备，对改善企业营销管理、实现现代化营销管理起了重要的作用。

考核层次：了解

对应考纲要点：第1点

考核样题：

（单项选择题）科学技术环境属于市场营销环境中的（　　）。

A.人文环境　　B.特殊环境　　C.宏观环境　　D.微观环境

【参考答案】C

【解析】本题主要考查对宏观环境的了解。宏观市场营销环境是指企业无法直接控制的，能够给企业制造市场营销机会，同时也能形成环境威胁的外部因素，包括人口、经济、科学技术、自然、社会文化、政治法律等环境因素。因此选C。

四、自然环境

自然环境是指自然界提供给人类各种形式的物质资源，如矿产资源、森林资源、水利资源等。随着人类社会进步和科学技术发展，世界各国的工业化进程越来越快，一方面创造了丰富的物质财富，满足了人们日益增长的需求；另一方面，也使世界面临着资源短缺、环境污染等问题。因此，世界各国都非常关注经济发展对自然环境的影响，成立了许多环境保护组织，促使国家政府加强环境保护的立法。这些问题也对企业营销造成了一定的挑战。对营销管理者来说，应该关注自然环境变化的趋势，从中分析企业营销的机会和威胁，制定相应的营销对策。

考核层次：了解

对应考纲要点：第 1 点

考核样题：

（判断选择题）自然环境中提到的自然资源都是可再生资源。（　　）

A.正确　　　　　　B.错误

【参考答案】B

【解析】本题主要考查对宏观环境的了解。自然环境中的自然资源既有可再生资源也有不可再生资源。因此选 B。

五、社会文化环境

社会文化环境是指在一种社会形态下已经形成的价值观念、宗教信仰、风俗习惯等因素的总和。任何企业都处于一定的社会文化环境中，企业营销活动必然受到所在社会文化环境的影响和制约。因此，社会文化环境是企业开展营销活动时必须考虑的重要因素之一，主要包括以下几个因素：

1.价值观念

价值观念是指人们对社会生活中各种事物的态度和看法。不同文化背景下，人们的价值观念往往有着很大的差异，对消费者的消费习惯和消费观念都会产生很大的影响。因此企业营销必须根据消费者不同的价值观念来设计产品，提供服务。

2.宗教信仰

宗教是构成社会文化的重要因素。不同的宗教有自己独特的对节日礼仪、商品使用的要求和禁忌，它影响着人们认识事物的方式和价值观念，进而影响人们的消费行为。企业在开展营销活动时要注意不同的宗教信仰，以避免由于矛盾和冲突给企业营销活动带来的损失。了解和尊重消费者的宗教信仰，对企业营销活动具有重要意义。

3.风俗习惯

风俗习惯是指在特定的社会文化区域内，人们世代相承、约定俗成且共同遵守的行为模式或规范。不同地区的消费者在风俗习惯上会有很大的差异，企业在开展营销活动时要了解目标市场的风俗习惯，才能够提供符合消费者需求的产品和服务。

考核层次:了解

对应考纲要点:第1点

考核样题:

(判断题)企业在开展营销活动时只需要提供优质的产品和服务,不需要关注目标市场的风俗习惯。(　　)

A.正确　　　　B.错误

【参考答案】B

【解析】本题主要考查对社会文化环境的了解。不同地区的消费者在风俗习惯上会有很大的差异,企业在开展营销活动时要了解目标市场的风俗习惯,才能够提供符合消费者需求的产品和服务。因此选B。

六、政治法律环境

政治环境是指企业市场营销活动的外部政治形势。目标市场所在国家的政局稳定与否,会给企业营销活动带来重大的影响。国家政局稳定,人民安居乐业,就会给企业营销造成良好的环境;相反,国家政局不稳定,社会矛盾尖锐,秩序混乱,就会影响经济发展和市场的稳定。政治环境对企业营销活动的影响主要表现为国家政府所制定的方针政策,如人口政策、能源政策、物价政策、财政政策、货币政策等,都会给企业营销活动带来影响。

法律环境是指国家或地方政府所颁布的各项法规、法令和条例等,它是企业营销活动的准则,企业只有依法进行各种营销活动,才能受到国家法律的有效保护。企业的营销管理者必须熟知有关的法律条文,才能保证企业经营的合法性,运用法律武器来保护企业与消费者的合法权益。

考核层次:了解

对应考纲要点:第1点

考核样题:

(单项选择题)政治法律环境是属于市场营销环境中的(　　)。

A.宏观环境　　B.微观环境　　C.人文环境　　D.特殊环境

【参考答案】A

【解析】本题主要考查对宏观环境的了解。宏观市场营销环境是指企业无法直接控制的,能够给企业制造市场营销机会,同时也能形成环境威胁的外部因素,包括人口、经济、科学技术、自然、社会文化、政治法律等环境因素。因此选A。

3.1.2　微观环境的构成

微观市场营销环境是指与企业紧密相连、直接影响企业营销能力和效率的各种力量和因素的总和,它主要包括企业本身、供应商、营销中介、消费者、竞争者、社会公众等。

一、企业本身

企业本身对企业营销产生的影响是直接的。企业内部各个职能部门、管理层之间能否互相协调配合,关系到企业的营销目标能否最终实现。

二、供应商

供应商是指对企业进行生产所需而提供特定的原材料、辅助材料、设备、能源、劳务、资金等资源的企业或个人。这些资源的变化直接影响到企业产品的产量、质量以及利润,从而影响企业营销计划和营销目标的完成。企业应该选择能保证质量、供货及时、供货条件好的供应商,并与供应商建立长期合作关系。同时企业应从多方面获得供应,不可依赖于单一供应商。

三、营销中介

营销中介是指为企业营销活动提供各种服务的企业或部门的总称,它的主要功能是帮助企业推广和分销产品,包括中间商、代理商、营销服务机构、金融机构、物流企业等。营销中介对企业营销产生直接的、重大的影响,只有通过有关营销中介所提供的服务,企业才能把产品顺利地送达目标消费者手中。

四、消费者

企业的一切营销活动都要以消费者需求为中心。企业必须分析目标消费者的群体特点,了解消费者所需的产品和服务,研究消费者购买规律、购买方式和购买途径,收集消费者对产品的意见和建议,力求企业开发的产品或提供的服务能满足消费者的需求。

企业的消费者一般来自以下五个市场:

(1)消费品市场(消费者市场),指为满足个人或家庭消费需求购买产品或服务的个人和家庭。

(2)生产者市场,指为生产其他产品或服务,以赚取利润而购买产品或服务的组织。

(3)中间商市场,指购买产品或服务以转售,从中营利的组织。

(4)政府市场,指购买产品或服务,以提供公共服务或把这些产品及服务转让给其他需要的人的政府机构。

(5)国际市场,指国外购买产品或服务的个人及组织,包括外国消费者、生产商、中间商及政府。

五、竞争者

竞争是商品经济的必然现象。在商品经济条件下,任何企业在目标市场进行营销活动时,不可避免地会遇到竞争对手的挑战。企业在制定营销策略前必须先弄清竞争对手,特别是同行业竞争对手的生产经营状况,做到知己知彼,有效地开展营销活动。

六、社会公众

公众是企业营销活动中与企业营销活动发生关系的各种群体的总称。公众对企业的态度,会对其营销活动产生巨大的影响,可能有助于企业树立良好的形象,也可能妨碍企业的形象。企业需要研究的社会公众包括:媒介公众、政府机构、社会公众、金融公众、企业内部公众等。所以企业必须处理好与主要公众的关系,争取公众的支持和偏爱,为自己营造和谐、宽松的社会环境。

【解析】本题主要考查对消费品市场的理解。消费品市场又称消费者市场、最终产品市场或生活资料市场，是指为满足自身或家庭需要而购买的商品或服务的个人和家庭所构成的市场。因此选 A。

二、消费品市场的分类

1.根据消费者购买商品来满足的需求层次不同分类

(1)满足消费者生存与安全方面的消费品，指满足消费者衣、食、住、行、医疗、防止职业病、维护安全生产方面的商品。随着我国经济发展和居民收入水平的提高，消费者对这类商品的需求有了极大的增加，差异性更加显著。因此企业要不断提高经营的品种和服务的项目，以满足消费者需求的新变化。

(2)满足消费者精神需要的消费品，指满足消费者精神和社会交往需要等方面的商品或服务。这类商品除了具有实用性之外，消费者还注重其商品的包装和流行性。企业在经营销售此类商品或服务时，要注意根据市场的变化和时代的特点，制定相应的营销策略。

(3)满足消费者为实现其理想，提高自身价值的消费品。根据马斯洛需求层次理论，人类最高需求层次就是自我实现的需求。企业的营销部门要针对消费者的差异性，开发出能够满足消费者需求且具有个性化的产品。

2.根据商品本身的特点和消费者购买的频率分类

(1)便利品，又称日用品，是指消费者日常生活所需、需重复购买的商品，如粮食、饮料、洗衣液等。消费者在购买这类商品时，一般不愿花很多的时间比较价格和质量，愿意接受其他的替代品。因此，便利品的生产者，应注意分销的广泛性和经销网点的合理分布，以便消费者能及时就近购买。

(2)选购品，指价格比便利品要贵，消费者购买时愿意花时间反复比较和挑选才能决定购买的商品，如服装、小家电等。消费者在购买前，对这类商品了解不多，因而在决定购买前总是要对同一类型的产品在价格、款式、质量等方面进行比较。选购品的生产者应将销售网点设在商业网点较多的商业区，并将同类产品销售点相对集中，以便顾客进行比较和选择。

(3)特殊品，指消费者对其有特殊偏好并愿意花较多时间去购买的商品，一般指耐用消费品，如电视机、电冰箱、汽车等。消费者在购买前对这些商品有了一定的认识，偏爱特定的厂牌和商标，不愿接受替代品。为此，企业应注意争创名牌产品，加强广告宣传，扩大企业产品的知名度，同时要切实做好售后服务和维修工作，以赢得消费者的青睐。

考核层次：理解

对应考纲要点：第 3 点

考核样题：

(单项选择题)消费者在购买这类商品时，一般不愿花很多的时间比较价格和质量，且愿意接受其他替代品。“这类商品”指的是(　　)。

A.便利品　　B.选购品　　C.特殊品　　D.消费品

【参考答案】A

【解析】本题主要考查对消费品市场的理解。便利品，又称日用品，是指消费者日常生活所需、需重复购买的商品，如粮食、饮料、洗衣液等。消费者在购买这类商品时，一般不愿花很多的时间比较价格和质量，愿意接受其他替代品。因此选 A。

3.2.2　影响消费者购买行为的主要因素

面对同样的营销活动和营销刺激，不同的消费者会表现出不同的行为。这些行为是在多种因素的影响下形成的。企业在开展营销活动时，需要充分考虑这些因素所带来的影响。影响消费者购买行为的主要因素可以分为文化因素、社会因素、个人因素、心理因素四个方面。

一、文化因素

文化是人类知识、信仰、艺术、道德、法律、美学、习俗、语言文字以及人作为社会成员所获得的其他能力和习惯的总称。文化是人们在社会实践中形成的，是一种历史现象的沉淀。同时，文化又是动态的，处于不断地发生变化之中。因此，文化因素对消费者需求和购买行为有着广泛而深远的影响。文化因素对消费者购买行为的影响主要体现在社会文化、亚文化和社会阶层三个方面。

1.社会文化

社会文化主要是指一个国家、地区的民族特征、价值观念、生活方式、风俗习惯、宗教信仰、伦理道德、教育水平、语言文字等要素的总和。社会文化会直接或间接地影响消费者的兴趣、爱好、思想等，进而影响消费者的行为。

2.亚文化

亚文化，又称集体文化或副文化，指与主文化相对应的那些非主流的、局部的文化现象，是在主文化或综合文化的背景下，属于某一区域或某个集体所特有的观念和生活方式。一种亚文化不仅包含着与主文化相通的价值与观念，也有属于自己独特的价值与观念。在同一个亚文化群中人们必然有某些相似的特点，以区别其他的亚文化群。熟悉目标市场的亚文化特点，有助于企业制定相应的营销策略。

3.社会阶层

社会阶层是在一个社会中具有相对的同质性和持久性的群体，它们是按等级排列的，每一阶层成员具有类似的价值观、兴趣爱好和行为方式。不同社会阶层的消费者由于在职业、收入、教育等方面存在明显差异，因此即使购买同一产品，其趣味、偏好和动机也会不同。例如同样购买牛仔裤，劳动阶层的消费者可能看中的是它的耐用性和经济性，而上层社会的消费者可能更注重牛仔裤的时尚性和自我表现力。所以，根据社会阶层细分市场和在此基础上对产品进行定位是有依据且非常有用的。

考核层次：掌握

对应考纲要点：第 4 点

考核样题：

（判断题）文化因素对消费者需求和购买行为有着广泛而深远的影响。（　　）

A.正确　　　　　　B.错误

【参考答案】A

【解析】本题主要考查对影响消费者购买行为的主要因素这一知识点的掌握情况。企业在开展营销活动时,需要充分考虑到这些因素所带来的影响。这些因素可以分为文化因素、社会因素、个人因素、心理因素四个方面。因此选 A。

二、社会因素

每个消费者都是社会的一员,其消费行为不可避免地受到社会各方面因素的影响和制约。影响消费者购买行为的社会因素包括相关群体和家庭等。

1.相关群体

相关群体是指对个人的态度、意见和偏好有重大影响的群体。人们的生活方式和偏好不是天生的,而是后天形成的。对消费者的生活方式和偏好有影响的各种社会关系,就称为相关群体。相关群体可分为两类:一是对个人影响最大的群体,如亲朋好友、邻居和同事等;二是与个人并不直接接触,但影响也很显著的群体,如社会名流、影视明星、体育明星等,这被称为崇拜性群体。这种崇拜性群体的一举一动常常成为人们仿效的对象。

2.家庭

家庭作为社会结构的基本细胞单位,据统计,大约 80%的购买决策与购买行为是由家庭成员共同实施的。家庭不仅对其成员的消费观念、消费习惯和生活方式有重要影响,而且直接制约着消费支出的投向、购买决策的制定与实施。消费者行为深受家庭生命周期的影响,每一个生命周期阶段都有不同的购买或行为形态,企业在开展营销活动时可以用生命周期阶段来界定其目标市场,并针对不同的生命周期阶段采取不同的营销策略。

考核层次:掌握

对应考纲要点:第 4 点

考核样题:

(判断题)每个消费者虽然都是社会的一员,但其消费行为不一定会受到社会各方面因素的影响和制约。(　　)

A.正确　　　　　　B.错误

【参考答案】B

【解析】本题主要考查对影响消费者购买行为的主要因素这一知识点的掌握情况。每个消费者都是社会的一员,其消费行为不可避免地受到社会各方面因素的影响和制约。影响消费者购买行为的社会因素包括相关群体和家庭等。因此选 B。

三、个人因素

1.年龄与性别

消费者对产品的需求会随着年龄的增长而变化,在生命周期的不同阶段,相应需要各种不同的商品。如人在幼年期,需要婴儿食品、玩具等;而在老年期,则更多需要保健和延年益寿的产品。不同性别的消费者，其购买行为也有很大差异。烟酒类产品较多为男性消费者所购买，而女性消费者则更倾向购买时装、首饰和化妆品等。

2.职业

不同职业的消费者由于受教育程度、工作环境、职业性质等方面的差别，在需求和偏好方面也不尽相同。职业与购买行为有着内在的因果关系。企业营销人员应努力研究不同职业者的消费习惯，找出对自己企业的产品和服务有浓厚兴趣的职业群体。

3.经济状况

消费者的经济状况，即消费者的收入、存款与资产、借贷能力等。消费者的经济状况会直接影响消费者的消费水平和消费范围，并决定着消费者的需求层次和购买能力。消费者经济状况较好，就可能产生较高层次的需求，购买较高档次的商品，享受较为高级的服务。相反，消费者经济状况较差，通常只能优先满足自己的衣食住行等基本生活需求。因此，企业营销人员要注重对消费者经济收入状况的调查和预测，提供与之相匹配的产品或服务。

4.生活方式

生活方式就是人怎样生活。具体地说，它是个体在成长过程中，在与社会诸因素交互作用下表现出来的活动、兴趣和态度模式。不同生活方式的消费者对产品和服务有不同的需求。企业在开展营销活动时，应设法从多角度区分不同生活方式的群体，在设计产品和广告时更具明确性。

5.个性和自我观念

个性是个人独特的心理特征，这种心理特征导致个人对环境做出相对一致和持久的反应。个性特征有多重类型，如刚强与懦弱、热情与孤僻、外向与内向、乐观与悲观等。不同消费者的个性不同，消费需求和对市场营销因素的反应也不尽相同。

考核层次：掌握

对应考纲要点：第4点

考核样题：

（单项选择题）在下列影响消费者购买行为因素中，不属于个人因素的是（　　）。

A.生活方式　　B.性别与个性　　C.职业　　D.家庭

【参考答案】D

【解析】本题主要考查对影响消费者购买行为的主要因素这一知识点的掌握情况。影响消费者购买行为的主要因素中，个人因素包含了年龄与性别、职业、经济状况、生活方式、个性和自我观念。个人因素不包含家庭因素，家庭属于社会因素。因此选D。

四、心理因素

消费者心理是消费者在满足需要活动中的思想意识，它支配着消费者的购买行为。影响消费者购买的心理因素有动机、感觉、学习、信念与态度等。

1.动机

需要引起动机。需要是人们对于某种事物的要求或欲望。就消费者而言，需要表现为获取各种物质需要和精神需要。马斯洛需求层次理论将人的需要由低到高分成五个层次,即生理需要、安全需要、社会需要、尊重需要和自我实现的需要。马斯洛需求层次理论,经过长期的实际观察,证明了人的各种需要具有以下三个特点:(1)人的需要是由低层次向高层次发展的;(2)只有满足了低层次的需要,才能产生高一层次的需要;(3)生理需要和安全需要属于生理的、物质的需要,社交需要、尊重需要和自我实现的需要属于心理的、精神的需要。根据这一理论,企业应了解目标市场消费者不同层次的需要,根据其需要安排营销策略,以刺激消费者产生购买动机,进而产生购买行为。

2.感觉

感觉是人脑对直接作用于感觉器官的客观事物的个别属性的反映。人对客观世界的认识是从感觉开始的,它包括视觉、听觉、嗅觉、触觉、味觉五大功能。感觉因人而异,会受到所受的教育、社会、心理等因素的影响。企业在开展营销活动时,要尽可能引起消费者注意,对消费者的感觉产生积极的刺激作用,以引发消费者的购买欲望。

3.学习

消费者在不断购买和使用商品的过程中,会不断地积累经验,并根据自身的经验调整购买行为的过程,称之为学习。企业在开展营销活动时,应注重提高商品和服务的品质,以获得消费者的认可与支持,从而提升消费者的重复购买率,进而培养客户的忠诚度。

4.信念与态度

信念是指一个人坚信某种观点的正确性,并支配自己行动的个性倾向。信念是一个人在长期的实践活动中,根据自己的生活内容和积累的知识并经过深思熟虑之后所决定的努力方向和奋斗目标。

消费者的态度是指消费者对客体、属性和利益的情感反应,即消费者对某件商品、某个品牌或某家公司经由学习而有一致的喜欢或不喜欢的反应倾向。

考核层次:掌握

对应考纲要点:第4点

考核样题:

(单项选择题)马斯洛需求层次理论中,最高层次的需要是(　　)。

A.生理需要　　B.安全需要　　C.尊重的需要　　D.自我实现的需要

【参考答案】D

【解析】本题主要考查对影响消费者购买行为的主要因素这一知识点的掌握情况。马斯洛需求层次理论将人的需要由低到高分成五个层次,即生理需要、安全需要、社会需要、尊重需要和自我实现的需要。最低层次的需要是生理需要,最高层次的需要是自我实现的需要。因此选D。

3.2.3 消费者购买决策过程

企业在分析了消费者购买行为的影响因素之后,还需要了解消费者是如何做出购买决策，决定购买的过程。

一、消费者购买决策的内容

消费者在收集一定信息的基础上，为实现购买的目的，从若干个购买方案中选择一种最优的方案，并实施购买方案，这一过程就是消费者的购买决策。消费者购买决策的内容包含以下几个方面，可以简单地将其概括为“5W1H”（如图3-2所示）。

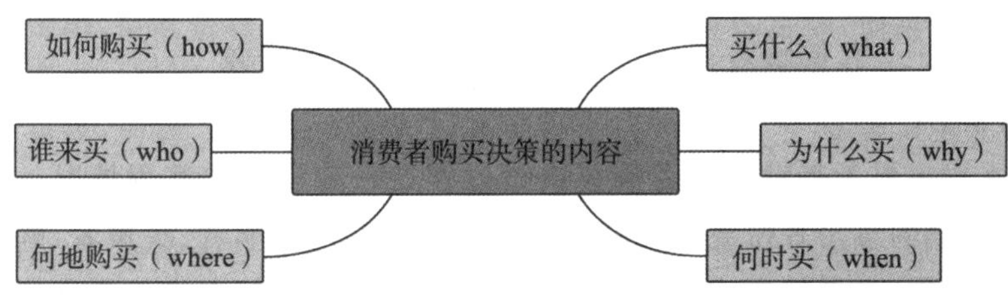

图3-2　消费者购买决策的内容

(1)买什么(what)，即决定买什么商品或服务，这里的商品和服务还包括产品的名称、品牌、规格、价位等；

(2)为什么买(why)，即消费者购买商品或服务的需求或动机；

(3)何时买(when)，即消费者购买商品或服务的时间，取决于消费者对商品或服务需求的迫切程度、商品库存情况、促销时机等；

(4)何地购买(where)，即消费者对购买地点的选择；

(5)谁来买(who)，即最后由谁来做出购买行为；

(6)如何购买(how)，即消费者在购买时所选择的方式和付款方式。

考核层次：掌握

对应考纲要点：第5点

考核样题：

(单项选择题)在消费者购买决策的内容“5W1H”中，“where”指的是(　　)。

A.买什么　　B.为什么买　　C.何地购买　　D.如何购买

【参考答案】C

【解析】本题主要考查对消费者购买决策过程这一知识点的掌握情况。消费者购买决策的内容“5W1H”指的是what、why、when、where、who、how，分别指的是买什么、为什么买、何时买、何地购买、谁来买、如何购买。因此选C。

二、消费者购买过程的参与者

在消费者购买的过程中，由不同的参与者扮演不同的角色，主要包括以下几种：

(1)发起者，即最先提出或有意购买某一产品或者服务的人；

(2)影响者，即对产品的看法或意见对最终购买决定有直接影响力的人；

(3)决策者，即对整个或者部分购买决策有最后决定权的人；

(4)购买者，即真正实施购买行为的人；

(5)使用者，即最后使用商品或者服务的人。

四、消费者购买决策过程

消费者购买决策是指消费者谨慎地评价某一产品、品牌或服务的属性并进行选择、购买能满足某一特定需要的产品的过程。典型的消费者购买决策过程包括以下几个方面,如图 3-3 所示。

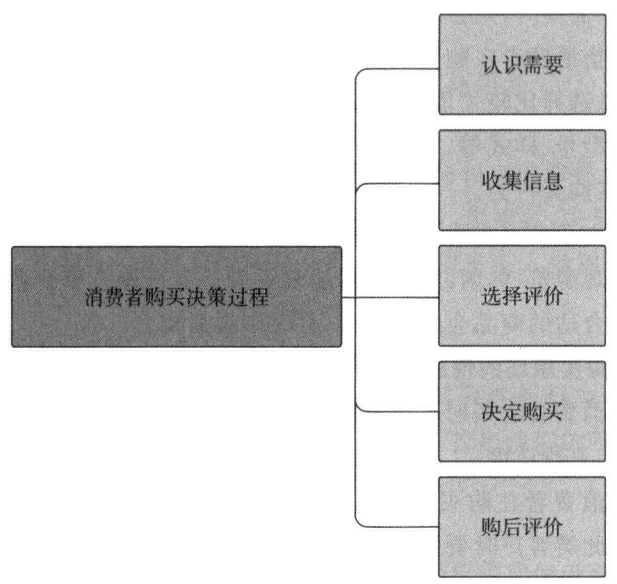

图 3-3 消费者购买决策过程

1.认识需要

消费者认识到自己有某种需要时,是其决策过程的开始,这种需要可能是由内在的生理活动引起的,也可能是受到外界的某种刺激引起的。例如,因口渴买饮料解渴或因饥饿购买食物充饥,这是内部刺激引起的;消费者看到某商品的广告而产生购买行为,这是外界刺激引起的。有时候,消费者的某种需求是内因和外因共同作用的结果。因此,在这一阶段,企业必须研究消费者的需求,使产品在能够满足消费者需求的同时,也应注意不失时机地采取适当的营销措施,如广告、促销等,唤起和强化消费者的需要。

2.收集信息

当消费者产生购买动机,便会开始进行与购买相关的活动。如果消费者对所有购买的物品都比较熟悉,又有易于购买的环境时,消费者就会直接实施购买行为,从而满足需要。但是,当消费者所需要的物品不易购得,或者说需求不能直接得到满足的时候,此时消费者就会收集和商品有关的信息和情报,为后面的购买决策提供依据。消费者收集信息的来源主要有以下几个方面:

(1)个人来源

个人来源指从家庭、亲朋好友、邻居、同事等个人交往中获得信息。这类信息对消费者的影响最大,消费者对其信任度最高。

(2)商业来源

商业来源指从广告、推销员、分销商、商品包装、商品展览等方面得到信息。这类信息来源非常广泛,也是消费者获取信息的主要来源。

(3)公共来源

公共来源指从报纸、电视、杂志、网络等大众传播媒介所获得的信息以及消费者评审组织等宣传、介绍上获得的信息。

(4)经验来源

经验来源指消费者在自己使用、接触商品的过程中得到的信息。这是消费者对信息进行评估的可靠依据。

企业要充分了解消费者获取信息的主要来源及其作用,利用各种技术和手段,有效地向目标市场传递信息,从而促进消费者的购买。

3.选择评价

消费者在确定需求,收集信息之后,就会对所掌握到的信息进行对比、分析和评价,包括对商品的品牌、质量、价格、性能等方面做出评价,进而决定购买。这个阶段是消费者决定购买的前奏,对买卖双方的交易是否能够成功具有决定作用。因此,企业在这一阶段要突出产品的特点,尽量让消费者多了解产品的优点,方便消费者进行判断与选择。

4.决定购买

做出购买决定和实施购买行为,是购买决策过程的中心环节。消费者对商品信息进行对比和评价后形成购买意向,从购买意向到实施购买行为之间还受到两个因素的影响。

(1)他人的态度。反对态度越强烈,或持反对态度者与消费者关系越密切,改变消费者购买意图的可能性就越大。

(2)意外的情况。如果发生了意外的情况,如失业、意外急需、涨价等,则消费者很可能改变购买意图。

5.购后评价

消费者对购买到的产品或服务是否满意,其满意程度取决于消费者对产品的预期性能与产品使用中的实际性能之间的对比。购买后的满意程度决定了消费者的购后活动,是否重复购买该产品,以及对该品牌的态度,并且还会影响其他消费者,形成连锁效应。

从消费者的购买决策程序可以看出,消费者的购买行为是一个完整的过程。这个过程始于购买之前,结束于购买之后。研究和了解消费者的需求及其购买过程,是市场营销成功的基础。市场营销者通过了解消费者如何认识需要、收集信息、选择评价、购买决策和购后评价这一全过程,可以收集到许多有助于满足消费者需要的有用线索,为后期的目标市场设计有效的市场营销计划。

考核层次:掌握

对应考纲要点:第5点

考核样题:

(多项选择题)消费者收集信息的来源主要有(　　　　)。

A.个人来源　　B.商业来源　　C.公共来源　　D.经验来源

【参考答案】ABCD

【解析】本题主要考查对消费者购买决策过程这一知识点的掌握情况。消费者收集信息的来源主要有个人来源、商业来源、公共来源、经验来源。因此选 ABCD。

同步练习

一、单项选择题(本大题共 20 小题。在每小题给出的四个选项中,只有一项符合题目要求)

1.消费者的购买行为过程的起点和终点是(　　)。

A.一手钱一手货,交换结束,购买行为就结束

B.从顾客向售货员询问到交易完双方道别

C.从走进商店到交易完走出商店

D.从需求产生到对所买商品的最终评价

2.马斯洛需求层次理论把人的需要分为五个层次,最高层次的需要是(　　)。

A.尊重需要　　B.社交需要　　C.安全需要　　D.自我实现的需要

3.当消费者在购买牙膏、牙刷等生活必需品时的购买决策主要依据已往的经验和习惯,较少受广告宣传和时尚的影响,在购买过程中也很少受周围气氛、他人意见的左右,其购买类型属于(　　)。

A.习惯型　　B.冲动型　　C.疑虑型　　D.理智型

4.(　　)包含人口数量、人口增长率、人口结构、人口地理分布等因素。

A.经济环境　　B.人口环境　　C.科学技术环境　　D.政治法律环境

5.科学技术环境属于市场营销环境中的(　　)。

A.人文环境　　B.特殊环境　　C.宏观环境　　D.微观环境

6.政治法律环境属于市场营销环境中的(　　)。

A.宏观环境　　B.微观环境　　C.人文环境　　D.特殊环境

7.在市场营销环境 SWOT 分析法中,O 指的是(　　)。

A.优势　　B.劣势　　C.机会　　D.威胁

8.消费者在购买这类商品时,一般不愿花很多的时间比较价格和质量,且愿意接受其他替代品,这类商品指的是(　　)。

A.便利品　　B.选购品　　C.特殊品　　D.消费品

9.在影响消费者购买行为的因素中,下列不属于个人因素的是(　　)。

A.生活方式　　B.性别与个性　　C.职业　　D.家庭

10.马斯洛需求层次理论中,最低层次的需要是(　　)。

A.生理需要　　B.安全需要　　C.尊重需要　　D.自我实现的需要

11.在消费者购买决策内容“5W1H”中,“where”指的是(　　)。

A.买什么　　B.为什么买　　C.何地购买　　D.如何买

12.在消费者购买过程中,最先提出或有意购买某一产品或者服务的人指的是(　　)。

A.发起者　　B.影响者　　C.购买者　　D.使用者

13.在消费者购买决策内容“5W1H”中，“what”指的是(　　)。

A.买什么　　B.为什么买　　C.何地购买　　D.如何买

14.在消费者购买决策过程的参与者中，对整个或者部分购买决策有最后决定权的人指的是(　　)。

A.发起者　　B.影响者　　C.购买者　　D.决策者

15.消费者购买时特别重视价格，对价格的反应特别灵敏。无论是购买高档商品，还是中低档商品，最关注的是价格。这类消费者属于(　　)。

A.习惯型　　B.经济型　　C.疑虑型　　D.理智型

16.市场营销环境中微观市场营销环境对企业来说是(　　)。

A.可控的　　B.不可控的　　C.不确定　　D.以上都是

17.SWOT 分析法中，W(weaknesses)指的是企业的(　　)。

A.优势　　B.劣势　　C.机会　　D.威胁

18.在消费者购买决策内容“5W1H”中，“why”指的是(　　)。

A.买什么　　B.为什么买　　C.何地购买　　D.如何买

19.在宏观环境中，它是构成市场的第一要素，是影响企业营销活动的重要因素，它的数量和增长率直接决定市场规模和潜在容量。这句话中的它指的是(　　)。

A.经济　　B.政治　　C.人口　　D.自然

20.(　　)是与企业紧密相连、直接影响企业营销能力和效率的各种力量和因素的总和，主要包括企业本身、供应商、营销中介、消费者、竞争者、社会公众等。

A.经济环境　　B.政治环境　　C.宏观环境　　D.微观环境

二、多项选择题(本大题共 5 小题。在每小题给出的选项中，有两个或两个以上选项符合题目要求。多选、错选、漏选均不得分)

1.消费者购买行为过程可以分为认识需要、(　　　　)、购后评价等几个阶段。

A.产品研制　　B.收集信息　　C.选择评价　　D.决定购买

2.下列属于社会文化的因素有(　　　　)。

A.宗教信仰　　B.风俗习惯　　C.地形地貌　　D.个人气质

3.在消费者购买行为过程的“收集信息”阶段，要收集许多有关信息，这种收集信息的活动可以是(　　　　)。

A.注意各种有关的广告

B.去图书资料部门查找有关技术、市场资料

C.在和自己周围人的聊天中了解有关信息

D.逛商场

4.以下属于企业微观环境的是(　　　　)。

A.供应商　　B.营销中介　　C.消费者　　D.竞争者

5.按消费者在购买现场的情感反应划分，可以将消费者分为(　　　　)。

A.沉着型　　B.温顺型　　C.健谈型　　D.反感型
E.傲慢型

三、判断题(本大题共 20 小题。正确的选 A,错误的选 B)

1.需求层次理论是 20 世纪 50 年代由美国心理学家温德尔·史密斯提出的。(　　)
A.正确　　B.错误

2.恩格尔系数可以用来衡量居民生活水平的高低。(　　)
A.正确　　B.错误

3.自然环境中提到的自然资源都是可再生资源。(　　)
A.正确　　B.错误

4.企业在开展营销活动时只需要提供优质的产品和服务,不需要关注目标市场的风俗习惯。(　　)
A.正确　　B.错误

5.消费品市场是指为满足自身或家庭需要而购买的商品或服务的个人和家庭所构成的市场。(　　)
A.正确　　B.错误

6.文化因素对消费者需求和购买行为有着广泛而深远的影响。(　　)
A.正确　　B.错误

7.作为社会一员的消费者,其消费行为不会受到社会各方面因素的影响和制约。(　　)
A.正确　　B.错误

8.在开展营销活动调查时,人口的分布受自然条件、经济基础和社会等综合因素的影响和制约。(　　)
A.正确　　B.错误

9.恩格尔系数越大,所代表的生活水平越高。(　　)
A.正确　　B.错误

10.SWOT 分析法中,S(strengths)指的是企业的优势。(　　)
A.正确　　B.错误

11.在消费者购买决策过程的参与者中,最先提出或有意购买某一产品或者服务的人是影响者。(　　)
A.正确　　B.错误

12.个人来源指从家庭、亲朋好友、邻居、同事等个人交往中获得信息。这类信息对消费者的影响最大,消费者对其信任度最高。(　　)
A.正确　　B.错误

13.市场营销环境可分为宏观市场营销环境和微观市场营销环境两大类。(　　)
A.正确　　B.错误

14.市场营销环境中宏观市场营销环境是企业可以控制的。(　　)

A.正确　　　　B.错误

15.SWOT 分析法中,T(threats)指的是企业面临的威胁。(　　)

A.正确　　　　B.错误

16.满足消费者生存与安全方面的消费品,指的是满足消费者衣、食、住、行、医疗、防止职业病、维护安全生产等方面的商品。(　　)

A.正确　　　　B.错误

17.消费者对产品的需求不会随着年龄的增长发生变化,在生命周期的不同阶段,对产品的需求相同。(　　)

A.正确　　　　B.错误

18.消费者认识到自己有某种需要时,是其决策过程的开始,这种需要可能是由内在的生理活动引起的,也可能是受到外界的某种刺激引起的。(　　)

A.正确　　　　B.错误

19.商业来源指从广告、推销员、分销商、商品包装、商品展览等方面得到信息。这类信息来源非常广泛,也是消费者获取信息的主要来源。(　　)

A.正确　　　　B.错误

20.公共来源指消费者从自己使用、接触商品的过程中得到的信息。这是消费者对信息进行评估的可靠依据。(　　)

A.正确　　　　B.错误

四、案例选择题(本大题共 5 小题。在每小题给出的四个选项中,只有一项符合题目要求)

比利时一个地毯商把脑筋动到穆斯林身上,这个地毯商将扁平的指南针嵌入祈祷地毯。这种特殊的指南针,不是指南或是指北,而是直指圣城麦加。这样,伊斯兰教徒不管走到哪里,只要把地毯往地上一铺,麦加方向顷刻之间就能准确找到。这种地毯一推出,在穆斯林居住的地区立即成了抢手货。

根据市场营销相关理论,试分析该案例:

1.比利时地毯商人把指南针嵌入祈祷的地毯,从而获得成功,从这个角度看,这是对企业宏观环境中的(　　)进行分析。

A.人口环境　　B.经济环境　　C.政治环境　　D.社会文化环境

2.企业在进行市场营销环境分析的时候,除了进行宏观环境的分析,还需要对(　　)进行分析。

A.经济环境　　B.政治环境　　C.微观环境　　D.人文环境

3.从商品本身的特点和消费者购买的频率来看,地毯是属于(　　)。

A.便利品　　B.选购品　　C.奢侈品　　D.替代品

4.影响消费者购买行为的社会因素包括家庭和(　　)。

A.相关群体　　B.经济条件　　C.所处位置　　D.宗教信仰

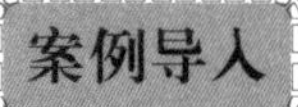

宝洁公司洗发水的市场细分与定位

宝洁公司自1988年进入中国市场以来,每年至少推出一个新品牌,尽管推出的产品价格为同类产品的3～5倍,但并不阻碍其成为畅销品。可以说,只要有宝洁品牌销售的产品,该产品就是市场的领导者。

宝洁在中国推出的第一个产品是海飞丝。当时,宝洁经过对中国市场的详细调查,发现许多中国人都有头屑这一毛病,而中国国内生产洗发水的厂家又没有这方面的技术。于是宝洁决定将去头屑的海飞丝洗发水作为在中国打响的第一炮。经过一年多的时间,海飞丝成了国内去头屑洗发水的代表。

随后,宝洁根据不同的消费需求划分出不同的市场,并逐渐推出了一系列产品:

(1)"海飞丝":去头屑;

(2)"潘婷":头发的营养保健;

(3)"飘柔":使头发光滑柔顺;

(4)"沙宣":美发定型。

每个品牌下又有不同的产品,如"飘柔",有去头屑、营养护发、洗护二合一等好几种产品;"海飞丝"有怡神舒爽型(天然薄荷)、滋养护理型(草本精华)、丝质柔滑型(二合一)、洁净呵护型等系列产品;"潘婷"则包括丝质顺滑、弹性丰盈、特效修复及清爽洁净去屑四大系列。这些产品的细分满足了不同消费者的需求,同时也占领了绝对的市场份额。

宝洁公司通过其卓越的市场细分,几乎垄断了中国洗发水的高端市场。

思考:

(1)宝洁公司的洗发水产品采用的是何种目标市场策略?

(2)这种目标市场策略有何优缺点?

4.1 市场细分

无论规模多大的企业,它所提供的产品也不能满足所有消费者的所有需求,只能满足某一类或某几类消费者的需求。因此,企业必须运用一定的方法将市场进行细分,从中选择适合自己并能发挥自身资源优势的目标市场。1956年,美国著名学者温德尔·史密斯提出市场细分的概念,并逐渐形成了成熟的STP理论,成为战略营销的核心内容。STP理论是指企业在一定的**市场细分(S)**的基础上,确定自己的**目标市场(T)**,最后把产品或服务**定位(P)**在目标市场中的确定位置上。

一、市场细分的概念

市场细分:是指企业通过市场调研,根据顾客需求上的差异把某个产品或服务的市场划分为由相似需求构成的消费者群,即若干个子市场。每一个消费者群就是一个细分市场,每一个细分市场都是由具有类似需求倾向的消费者构成的群体。因而市场细分不是对产品进行分类,而是对同一种产品下需求各异的消费者进行分类。

市场细分的基础是消费者对同一产品需求的多样性。从需求角度来看,各种社会产品的市场分为两大类:**同质市场和异质市场。**同质市场不用细分,但绝大多数产品的市场都属于异质市场。同质市场和异质市场在不同时期、不同条件下,是可以相互转化的。

考核层次:理解

对应考纲要点:第 2 点

考核样题:

(单项选择题)市场细分是指企业按照细分标准,把某一类产品的(　　)划分为若干个需要不同标准的产品和服务的消费者群的分类过程。

A.企业　　B.产品　　C.市场　　D.消费者

【参考答案】D

【解析】本题主要考查对市场细分概念的理解,市场细分是对需求各异的消费者进行分类。因此选 D。

二、市场细分的标准

市场细分的基础是消费者对同一产品需求的差异性,能使消费者需求产生差异的因素都可以用来细分市场。

(一)消费者市场(消费品市场)细分标准

消费者市场细分标准(如表 4-1 所示)总的来说,可以归纳为四大类:地理环境、人口因素、心理因素和购买行为。

表 4-1　消费者市场细分标准

细分标准	具体变量
地理环境	国别、地区、城市规模、人口密度、地理位置、城乡、交通环境、气候等
人口因素	年龄、性别、收入、职业、宗教、民族、种族、受教育程度、家庭结构、家庭生命周期等
心理因素	生活方式、性格、兴趣、偏好、个性、态度、动机、对各种营销要素的敏感程度等
购买行为	购买时间、购买动机、购买数量、购买频率、追求的利益、对品牌与商标的信赖程度、使用者情况等

考核层次:理解

对应考纲要点:第 2 点

考核样题:

(判断题)确定目标市场是进行市场细分的前提和基础。(　　)

A.正确　　　　　　　　B.错误

【参考答案】B

【解析】本题考查对目标市场概念的理解。根据概念,"市场细分是确定目标市场的前提和基础"。因此选 B。

二、选择细分市场

在对各个细分市场进行评估后,企业会发现有一个或多个子市场可以进入,这就是目标市场的选择。可供企业选择的目标市场模式有五种(如图 4-1 所示):产品—市场集中化、产品专业化、市场专业化、选择性专业化和全面覆盖。

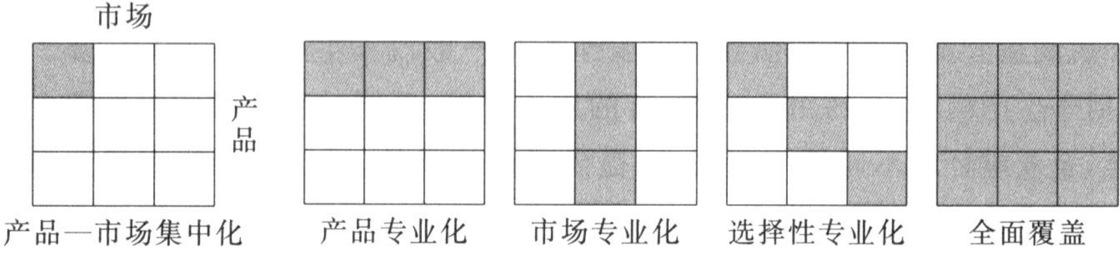

图 4-1　企业选择目标市场模式

1.产品—市场集中化

产品—市场集中化是一种最简单的选择细分市场的方式。企业只选择一个细分市场作为目标市场,只生产一种产品,只供应一个市场,实施集中经营。如企业只生产低档化妆品,只供应低收入人群。这种方式的优点是企业可以更清楚地了解细分市场的需求,形成竞争优势。但如果所选择的市场需求发生变化,企业可能会面临倒闭危机,风险较大。

2.产品专业化

产品专业化指企业向各个市场提供同一种产品。如企业只生产低档化妆品,同时供应高收入、中等收入和低收入市场。通过这种方式,企业可以在特定的产品领域树立良好的产品形象。但一旦有新产品、新技术出现,企业会面临困境。

3.市场专业化

市场专业化指企业向同一市场提供不同性能的同类产品。如生产高、中、低档的化妆品,只供应高收入市场。这种方式经营的产品类型众多,能有效地分散经营风险。但是一旦顾客需求发生变化,企业就会面临收益下降的风险。

4.选择性专业化

选择性专业化指企业为不同市场提供性能不同的同类产品。如企业生产低档化妆品满足低收入市场,生产中档护肤品满足中等收入市场,生产高档护肤品满足高收入市场。这种方式能够有效地分散风险,但容易分散企业的注意力。

5.全面覆盖

全面覆盖指企业进入每一个细分市场，为所有市场提供性能不同的系列产品。如为所有市场提供不同性能的化妆品。只有实力强大的大企业才能使用这种方式。

考核层次：掌握

对应考纲要点：第 3 点

考核样题：

(单项选择题)产品专业化战略是指(　　)。

A.企业向各个顾客群同时供应一种产品

B.企业向同一顾客群供应不同性能的同类产品

C.企业的目标市场集中于一个细分市场，企业只生产一种产品，只供应一个顾客群

D.企业为不同的顾客群提供不同性能的同类产品

E.企业进入每一个细分市场，为所有顾客群提供所需要的性能不同的系列产品

【参考答案】A

【解析】本题考查对选择目标市场模式的理解。根据概念表述，向各个细分市场提供同一种产品的是产品专业化。因此选 A。

三、目标市场的营销策略

企业在市场细分的基础上，确定要进入的市场就是企业的目标市场。企业选择细分市场的方式不同，相应的营销策略也有所不同。一般来说，有三种目标市场策略可供企业选择：无差异性目标市场策略、差异性目标市场策略和集中性目标市场策略。

1.无差异性目标市场策略

无差异性目标市场策略就是把整体市场作为企业的目标市场(如图 4-2 所示)。用一种产品、一种市场营销组合策略满足整个市场的需求。它不考虑需求的差异，只着眼于顾客的共同需求。该策略大量运用于同质市场的产品，以及有广泛需求，能够大量生产、大量销售的产品。例如消费品市场中的白糖、食盐以及生产资料市场中的汽油等。

营销组合 ——→ 整个市场

图 4-2　无差异性目标市场策略

无差异性目标市场策略最大的优点是成本的经济性。该策略的产品单一，易于大批量生产，能提高生产效率；不进行市场细分，节省了大量的人力、财力、物力。但这种目标市场策略对大多数产品并不适用，对于一家企业，也不宜长期使用。因为单一产品难以满足消费者日益增加的多样化的需求，容易造成共性市场竞争激烈，消费者不同的需求却得不到满足。

2.差异性目标市场策略

差异性目标市场策略指企业把产品的整体市场划分为若干个细分市场，选择两个以上乃至全部细分市场作为目标市场，按照不同子市场的不同需求，分别制定不同的市场

营销组合,分别开展不同的市场营销活动。如图 4-3 所示。

图 4-3　差异性目标市场策略

差异性目标市场策略认为消费者的需求是不相同的,不可能有完全相同的、无差别的产品去满足各类顾客的需要。差异性目标市场策略能够分别满足不同消费者群的需要,有利于企业扩大销售,也能树立企业的良好形象,提高消费者对产品的信赖度和购买频率。在市场竞争激烈的情况下,可以减少企业在市场上的劣势。但差异性目标市场策略的生产费用、管理费用、销售费用会大幅度增加,产品成本高。该策略适用于有一定经济实力的企业,小企业无力承担。

3.集中性目标市场策略

集中性目标市场策略是指企业集中所有力量,进入一个细分市场(或是对该市场进一步细分后的几个更小的市场部分),力图在这些子市场中占有比较大的市场份额。如图 4-4 所示。

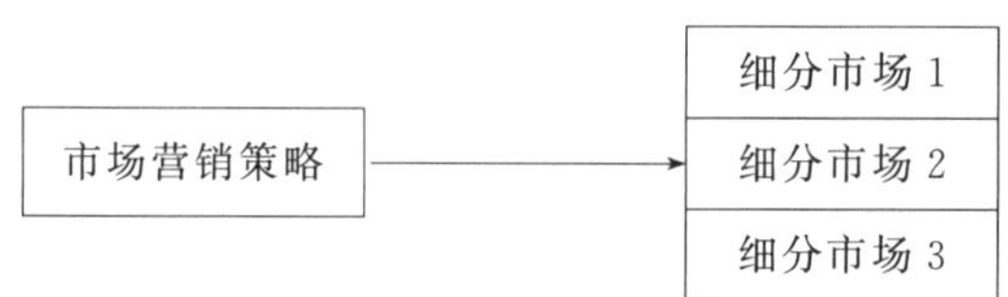

图 4-4　集中性目标市场策略

采用这种策略的优点是营销对象集中,企业对该细分市场的需求特点十分了解,可以针对性地展开营销活动。同时资金占用少,周转快,成本费用低,易于满足特定需求而有助于提高企业与产品市场上的知名度。尤其适合资源有限的小企业采用。但该策略有较大的风险,由于目标市场过于狭窄,一旦市场发生变化,如消费者兴趣转移,替代产品或强大竞争对手出现,企业就会因为没有回旋余地而立即陷入困境。

三种目标市场策略的优缺点如表 4-3 所示。

表 4-3　三种目标市场策略的优缺点

策　略	优　点	缺　点	适用情况
无差异性目标市场策略	成本低,可形成规模效益	不能满足消费者多样化的需求	同质市场的产品;能够大量生产销售的产品
差异性目标市场策略	能满足消费者多样化的需求;利于扩大企业销售;树立企业良好形象	营销费用高	大企业
集中性目标市场策略	节约营销费用;易于形成竞争优势	市场小,有较大的经营风险	小企业

考核层次:掌握

对应考纲要点:第 3 点

考核样题:

(单项选择题)企业对各个细分市场之间的差别不予考虑,而是针对市场整体的共性,力求通过单一产品去获取尽可能多的市场份额的策略是(　　)。

A.无差异性目标市场策略　　B.单一性目标市场策略

C.差异性目标市场策略　　D.集中性目标市场策略

【参考答案】A

【解析】本题主要考查对目标市场营销策略的掌握。从题目表述中可知,只追求整体市场的共性的目标市场策略是无差异性目标市场策略。因此选 A。

4.3 市场定位策略

一、市场定位的概念

市场定位是指企业根据竞争者现有产品在目标市场上所处的位置,针对消费者或用户对该产品某种特征或属性的重视程度,塑造出本企业产品与众不同的鲜明个性或形象,并把这种形象传递给目标市场,从而使该产品在目标市场上占有一定的竞争地位。

考核层次:理解

对应考纲要点:第 2 点

考核样题:

(单项选择题)确定企业及其产品在市场上所处的位置,这是(　　)营销策略。

A.产品定位　　B.企业定位　　C.市场定位　　D.综合定位

【参考答案】C

【解析】本题考查市场定位的概念。从上述表述可知,确定企业及其产品在市场上的位置就是市场定位。因此选 C。

二、市场定位策略

1.避强定位

避强定位是一种避开强有力的竞争对手的市场定位,即选择市场空白点进行定位。这种定位方式能使企业在市场上站稳脚跟,并在消费者心目中树立起一种形象。这种策略市场风险较小、成功率较高,常为多数企业所采用。

采用这种定位策略有两种情况：一是这部分市场还没有被竞争对手发现，此种情况，企业较易取得成功。二是其他企业发现了这个空白市场，但无力占领，只有具备足够实力的企业才能取得成功。

企业采用避强定位应具备：①企业有条件生产这样的产品；②市场空白处对企业而言有盈利空间；③顾客相信企业产品的质量。

2.迎头定位

迎头定位是指企业选择靠近现有竞争对手或与其重合的市场区域，争夺同样的目标顾客，与在市场上占支配地位的竞争对手"对着干"的一种定位策略。这种策略风险很大，必须知己知彼，清醒地判断自己的实力。但也有很多企业认为这是一种能激励自己奋发向上的、可行的定位方式。

企业采用迎头策略应具备的条件是：能比竞争者生产出更好的产品；该市场容量足够吸纳这两个竞争者的产品；企业比竞争者有更多的资源和实力。

3.重新定位

重新定位是为使产品进一步扩大市场占有率，能有效地与竞争对手相抗衡而进行的二次定位或再定位。重新定位是企业适应营销环境变化的一种表现。企业重新定位可能是由企业决策失误引起的，也可能是对手有力反击或出现新的强有力竞争对手而造成的，还可能是市场需求发生了变化。若重新定位准确，就能够获得成功。

4.寻找市场定位

寻找市场定位是寻找为许多消费者所重视的和未被占领市场的定位。一旦寻找市场定位准确，将会为企业带来极大成功。

市场定位策略对比如表 4-4 所示。

表 4-4　市场定位策略

市场定位策略	含　　义	特　　点
避强定位	避开强有力竞争对手	风险小，成功率较高，多数企业采用
迎头定位	与竞争对手"对着干"	风险大，是激励企业的定位方式，一旦成功，有巨大市场优势
重新定位	二次定位、再定位	重新定位可能是由企业决策失误引起的，也可能是对手有力反击或出现新的强有力竞争对手而造成的，还可能是市场需求发生了变化。若重新定位准确，就能够获得成功
寻找市场定位	寻找未被占领的市场	一旦定位准确，会为企业带来极大成功

考核层次：掌握

对应考纲要点：第 4 点

考核样题：

（多项选择题）市场定位策略主要有（　　　　）。

A.避强定位　　B.特色定位　　C.寻找市场定位
D.重新定位　　E.迎头定位
【参考答案】ACDE
【解析】本题主要考查对市场定位策略的掌握情况。因此，选 ACDE。

同步练习

一、单项选择题(本大题共 20 小题，在每小题给出的四个选项中，只有一项符合题目要求)

1.生活消费品市场的细分变量中，使用频率属于(　　)。
A.购买行为　　B.人口状况　　C.消费者心理　　D.地理环境

2.以下属于生产者市场细分标准的是(　　)。
A.生活方式　　B.气候　　C.消费者心理　　D.用户规模

3.消费者市场细分的标准包括(　　)。
A.人口、地理、环境、态度　　B.人口、心理、环境、收入
C.人口、地理、心理、行为　　D.气候、环境、国别、个性

4.“向特定顾客群，提供多种产品”是(　　)目标市场选择方式。
A.产品专业化　　B.市场专业化　　C.选择性专业化　　D.全面覆盖

5.某公司广告:“不管哪个儿童，在本公司都能买到合适的皮鞋。”这是(　　)占领目标市场的方式。
A.产品—市场集中化　　B.产品专业化
C.市场专业化　　D.全面涵盖

6.下列属于同质市场的产品是(　　)。
A.手机　　B.服装　　C.食盐　　D.化妆品

7.企业希望开拓和占领的、能为自己带来最大经济效益的细分市场叫(　　)。
A.市场细分　　B.市场定位　　C.目标市场　　D.消费者市场

8.企业不进行市场细分，将某一产品的整体市场作为自己的目标市场，提供一种产品满足市场需求。这是(　　)。
A.无差异性市场营销　　B.差异性市场营销
C.集中性市场营销　　D.同位性市场营销

9.福州市自来水公司生产的自来水供应给全福州市居民，采取的是(　　)目标市场策略。
A.无差异性　　B.差异性　　C.集中性　　D.分散性

10.采用差异性目标市场策略的最大优点是(　　)。
A.满足消费者群的不同需求　　B.成本的经济性
C.适合资源有限的小企业　　D.能取得规模效益

11.集中性市场营销策略尤其适合(　　)。
A.跨国公司　　B.大型企业　　C.中型企业　　D.小型企业

12.捷而达公司生产的自行车专门满足女青年的需要，这是(　　)目标市场策略。

A.无差异性　B.差异性　C.集中性　D.分散性

13.产品具有同质性,应采用(　　)目标市场策略。

A.无差异性　B.差异性　C.集中性　D.分散性

14.(　　)是实现市场定位目标的一种手段。

A.产品差异化　B.市场集中化

C.市场细分化　D.无差异性营销

15.定位主要是指(　　)。

A.价格优势　B.良好服务

C.在顾客心目中确定适当位置　D.产品特征

16.(　　)策略市场风险较小,成功率较高,常为多数企业所采用。

A.避强定位　B.迎头定位

C.重新定位　D.寻找市场定位

17.在产品生命周期的(　　)阶段,企业可以采用无差异性目标市场策略。

A.投入期　B.成长期　C.成熟期　D.衰退期

18. 1998年,海尔根据用户需求,推出台式冷柜,抢先占领了处于空白状态的零售鲜肉保鲜冷柜市场,这种定位策略属于(　　)。

A.避强定位　B.迎头定位

C.重新定位　D.寻找市场定位

19.在普通食盐市场上,消费者所表现的需求、欲望、购买行为和对企业营销策略的反应都相似,这类产品的市场被称为(　　)。

A.同质性市场　B.异质性市场

B.消费者市场　D.目标市场

20.目标市场营销的三个步骤是(　　)、选择目标市场和市场定位。

A.市场分析　B.市场细分　C.市场开发　D.市场竞争

二、多项选择题(本大题共5小题,在每小题给出的五个选项中,有两个或两个以上选项符合题目要求。多选、错选、漏选均不得分)

1.消费者市场细分的标准主要有(　　　)。

A.地理环境　B.用户规模　C.购买行为　D.人口因素

E.心理因素

2.下列属于地理细分标准的是(　　　)。

A.人口密度　B.年龄　C.生活方式　D.城市规模

E.气候

3.蒙牛公司将"蒙牛酸酸乳"的主要消费群体确定为14～18岁的女孩子。由此可见,该公司在细分市场时是按人口因素中的(　　　)变量来细分消费者的。

A.年龄　B.性别　C.收入　D.受教育程度

E.家庭结构

4.异质市场宜采用的目标市场营销策略有(　　　　)。

A.无差异性市场营销策略　　B.差异性市场营销策略

C.集中性市场营销策略　　D.填空补缺营销策略

E.针锋相对营销策略

5.企业资金雄厚,管理水平高,可以考虑采用(　　　　)目标市场策略。

A.无差异性　　B.差异性　　C.集中性　　D.分散性

E.填空性

三、判断题(本大题共20小题。正确的选A,错误的选B)

1.市场细分就是对产品进行分类。(　　)

A.正确　　B.错误

2.市场细分是选择目标市场的目的和归宿。(　　)

A.正确　　B.错误

3.市场细分只有小企业需要,大企业因为资金雄厚,可以不用细分市场。(　　)

A.正确　　B.错误

4.市场细分的基础在于消费需求的差异性。(　　)

A.正确　　B.错误

5.生产者市场细分的标准,全部可以用于消费者市场,作为消费者市场细分的依据。(　　)

A.正确　　B.错误

6.市场细分对于每一个企业都很重要和必要,所以进行市场细分时选用的细分标准越多越好,细分市场越多越好。(　　)

A.正确　　B.错误

7.一个理想的细分市场必须有足够的市场需求。(　　)

A.正确　　B.错误

8.某公司分别推出儿童牛奶和老年牛奶,其使用的是家庭生命周期变量来进行市场细分的。(　　)

A.正确　　B.错误

9.同质市场和异质市场在不同的时期、不同的条件下,是可以相互转化的。(　　)

A.正确　　B.错误

10.品牌与商标的信赖程度属于心理细分的细分变量。(　　)

A.正确　　B.错误

11.企业占领目标市场的方式中,全面涵盖是指企业同时向各个顾客群供应一种产品。(　　)

A.正确　　B.错误

12.中小企业可以通过产品专业化或全面覆盖两种模式选择目标市场。(　　)

A.正确　　B.错误

13.企业占领目标市场的方式中市场专业化是指企业向同一顾客群供应不同性能的同类产品。(　　)

A.正确　　　　B.错误

14.集中性营销策略除了适用于同质市场的产品开发,还主要适用于有广泛需求的、能够大量生产的、大量销售的产品。(　　)

A.正确　　　　B.错误

15.如果竞争对手较强,企业可以考虑采取无差异性目标市场策略。(　　)

A.正确　　　　B.错误

16.一般来说,企业的新产品在初次投入市场或处于成长期时宜采取集中性目标市场策略。(　　)

A.正确　　　　B.错误

17.对于消费者需求差异较大的产品,应采取集中性目标市场策略。(　　)

A.正确　　　　B.错误

18.集中性目标市场策略适合大企业。(　　)

A.正确　　　　B.错误

19.重新定位是一种能激励自己奋发向上的、可行的定位方式,一旦成功,就会取得巨大的市场优势。(　　)

A.正确　　　　B.错误

20.迎头定位市场风险较小、成功率高,常为多数企业所采用。(　　)

A.正确　　　　B.错误

四、案例选择题(本大题共5小题,第1、3、4、5小题在给出的四个选项中,只有一项最符合题目要求,第2小题在给出的四个选项中有两个或两个以上符合题目要求)

海尔洗衣机市场细分策略

海尔集团的前身是一家生产普通家电产品亏损额达147万元,濒临倒闭的集体小厂。1984年,海尔股份有限公司成立,经过十几年的发展,海尔集团已成为中国家电行业特大型企业。

针对江南地区“梅雨”天气较多,洗衣不容易干的情况,海尔集团及时开发了洗涤、脱水、烘干于一体的海尔“玛格丽特”三合一全自动洗衣机,以其独特的烘干功能,迎合了饱受“梅雨”之苦的消费者。此产品在上海、宁波、成都等市场引起轰动。针对北方水质较硬的情况,海尔集团开发了专利产品“爆炸”洗净的气泡式洗衣机,即利用气泡爆炸破碎软化作用,将洗净度提高20%,受到消费者的欢迎。针对农村市场,海尔集团研制开发了下列产品:①“大地瓜”洗衣机,适应盛产红薯的西南地区农民图快捷省事,在洗衣机里洗红薯的需要;②“小康”系列滚筒洗衣机,适合较富裕的农村地区;③“小神螺”洗衣机,价格低、宽电压带、外观豪华,非常适合广大农村市场。

根据市场营销相关理论，试分析该案例：

1.案例中，海尔洗衣机是根据(　　)进行市场细分。

A.购买行为　　B.人口状况　　C.消费者心理　　D.地理环境

2.(多项选择题)可供企业选择的目标市场策略是(　　　)。

A.无差异性　　B.差异性　　C.集中性　　D.分散性

3.本案例中，海尔洗衣机的目标市场策略是(　　)。

A.无差异性　　B.差异性　　C.集中性　　D.分散性

4.这种目标市场策略的优点是(　　)。

A.集中企业力量，占据优势

B.适合资源薄弱的小企业

C.能取得规模效益

D.满足不同消费者群的需求，提高市场占有率

5.这种目标市场策略的缺点是(　　)。

A.一旦市场出现变化，风险极大　　B.营销费用高

C.忽视顾客不同的需求　　D.对市场反应不灵敏

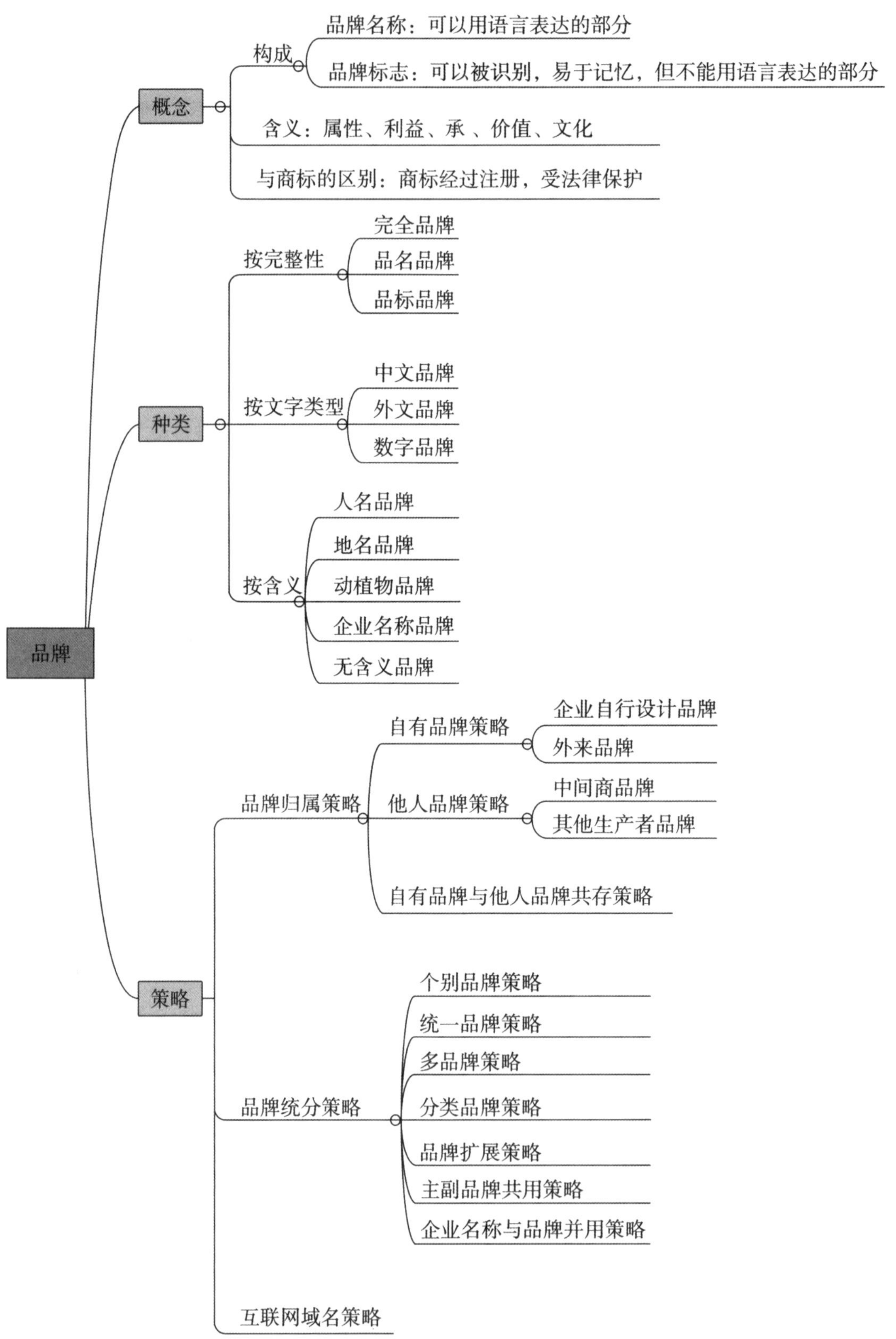
品牌
概念
构成
品牌名称：可以用语言表达的部分
品牌标志：可以被识别，易于记忆，但不能用语言表达的部分
含义：属性、利益、承 、价值、文化
与商标的区别：商标经过注册，受法律保护
种类
按完整性
完全品牌
品名品牌
品标品牌
按文字类型
中文品牌
外文品牌
数字品牌
按含义
人名品牌
地名品牌
动植物品牌
企业名称品牌
无含义品牌
策略
品牌归属策略
自有品牌策略
企业自行设计品牌
外来品牌
他人品牌策略
中间商品牌
其他生产者品牌
自有品牌与他人品牌共存策略
品牌统分策略
个别品牌策略
统一品牌策略
多品牌策略
分类品牌策略
品牌扩展策略
主副品牌共用策略
企业名称与品牌并用策略
互联网域名策略

海尔的产品策略分析

海尔集团是世界第四大白色家电制造商，也是中国最具价值的品牌之一。海尔集团旗下拥有240多家法人单位，在全球30多个国家建立了本土化的设计中心、制造基地和贸易公司，全球员工总数超过五万人，重点发展科技、工业、贸易、金融四大支柱产业，已发展成全球营业额超过1 000亿元规模的跨国企业集团。

海尔取得如此显著而卓越的成就，与它的产品策略密不可分。产品策略是市场营销4Ps组合的核心，是企业市场营销活动的支柱和基石，是价格策略、分销策略和促销策略的基础。我们从海尔的新产品开发、品牌策略、质量决策、产品生命周期、产品包装决策、产品组合和服务决策7个方面进行分析。

一、开发策略

目前，全球全自动洗衣机形成亚洲波轮式、美洲搅拌式、欧洲滚筒式三分天下的局面。海尔的"双动力"洗衣机首创了世界上第四种洗衣机类型。它的创新之处是具有两个传动系统，同时相向运转，增大了水流强度，形成强劲翻滚的"沸腾"水流。同时，双动力洗衣机内桶壁设有搅拌叶，形成特有的搅、揉、搓三模式洗涤，这种独特设计较好地把波轮、滚筒、搅拌的功能合三为一，不仅能防缠绕，磨损率还低，提高了洗净比。除此之外，双动力洗衣机吸收了波轮、搅拌和滚筒洗衣机各自的优点，实现了省水省时，洗净比提高50%，磨损率降低60%，各项性能指标均已达到国际领先水平，填补了国内外洗衣机技术的空白。双动力洗衣机不仅仅实现了洗涤干净无缠绕，其省水、省时的优点更是深得消费者的心。

海尔产品开发策略的成功在于，善于把发现的市场机会与自身企业实力相结合，在适当的时机制造出满足消费者需求的产品，从而获得了丰厚的回报。

二、品牌战略

海尔品牌策略的核心是凸显服务优势和强调技术与创新。

海尔品牌凝聚了高质量的产品、人性化的服务、迅速反应市场的能力和强大的市场整合力等一系列竞争资源，其资源的相互协调与融合，形成了海尔今天的品牌优势。其理念的领先，也造就了海尔品牌与其他家电品牌的差距和差异。

而在服务差异越来越小的时代，海尔则更注重于创新。海尔的创新既是战略的、观念的，又是技术的，同时也是组织和市场的创新。这一切，都使海尔逐步形成了自己的核心技术优势，让消费者看到海尔对产品质量和技术的不断超越的精神，进一步加强了消费者对海尔的信赖。

三、质量决策

第一步：提出质量理念——有缺陷的产品就是废品。

海尔在转产电冰箱时，面临的市场形势是严峻的：自己在规模、品牌都处于绝对劣势的情况下,靠什么在市场上占有一席之地?只能靠质量。于是,海尔首席执行官张瑞敏提出了自己的"质量理念":有缺陷的产品就是废品。在这一理念下,海尔对产品质量实行"零缺陷,精细化"管理,努力做到用户使用"零抱怨、零起诉"……

第二步:"砸冰箱"事件激发内省与反思。

在大家熟知的"砸冰箱"后的一个多月里,张瑞敏发动和主持了一个又一个会议,讨论的主题非常集中:"我这个岗位有质量隐患吗?我的工作会对质量造成什么影响?我的工作会影响谁?谁的工作会影响我?从我做起,从现在做起,应该如何提高质量?"在讨论中,大家相互启发,相互提醒,从而激发出更多深刻的内省与反思。于是,"产品质量零缺陷"的理念得到了广泛的认同,人们开始了理性的思考:怎样才能使"零缺陷"得到机制的保证?

第三步:构造"零缺陷"管理机制。

在海尔每一条流水线的最终端,都有一个"特殊工人"。流水线上下来的产品,一般都有一些纸条,这些纸条被称为"缺陷条"。产品在经过各个工序时,若工人检查出上一工序出现了缺陷,便会留下纸条,这位特殊工人的任务,就是负责把这些缺陷维修好。特殊工人把维修每一个缺陷所用的时间记录下来,作为向缺陷的责任人索赔的依据。特殊工人的工资就是索赔所得。同时,当产品合格率超过规定标准时,特殊工人还有一份奖金,合格率越高,奖金越高。这就是著名的"零缺陷"机制。这个特殊工人的存在,使零缺陷有了机制与制度上的保证。目前,这一机制有了更加系统、更加科学的形式,这就是被海尔称为市场链机制的"SST",即:索赔、索酬、跳闸。这一制度的推出,使海尔的产品、服务、内部各项工作都有了更高的质量平台。

四、产品生命周期

海尔的国际化生产战略遵循着产品生命周期发展规律的原理。海尔集团自1984年创立以来,从一个亏损147万元的濒临倒闭的小厂,由小到大、由弱到强、由国内到国外,一跃成为品牌价值为440多亿人民币,全球销售额达768亿元人民币,拥有包括白色家电、黑色家电、米色家电在内的69大门类和10 800多个规格品牌群的具有一流国际化水平的国有特大型企业,为中国家电名副其实的老大。

纵观海尔集团的发展历程,其生产战略均按产品生命周期理论来划分,现可以分成以下两个阶段:

第一阶段为1984—1998年,根据产品生命周期理论,技术水平不高,只具有相对成本优势的海尔集团正处于中小企业阶层,这一时期,海尔集团的国际化生产战略便是不断吸收、引进国内外先进的生产技术来提升自己的管理水平,增加自己产品的附加值,并适当地为国外厂商做OEM。通过不断地进行技术创新、管理创新、技术管理和资本积累,海尔集团的销售额年平均增长率达到80%。

第二阶段是从1998年至今,在这一时期,海尔集团已经迈入了国际化大公司的行列,拥有的技术、管理优势与世界先进水平保持了同步的发展,部分甚至领先世界先进水平。所有这一切,使海尔集团基本具备了产品生命周期理论中所阐述的对外扩张的生产战略的实力。因此,在这一阶段,海尔集团在"先有市场,再有工厂"的思想指导下,开始了在海外建立生产工厂和基地的历程。

因此，我们可以说，海尔的不断成长和壮大，是正确遵循产品生命周期理论的必然结果。

五、产品包装决策

海尔系列产品的包装均是简洁、大方、美观、环保的，具有较强的艺术性，极大地美化了产品。海尔产品的外形包装采用统一标准，坚固牢靠，确保了产品不损坏、不变质、不变形；包装材料符合环保标准；包装设计合理，便于运输。这些措施不仅很好地保护了海尔产品，还吸引了消费者的注意力，从而促进产品的销售。

在绿色环保提出之际，海尔集团产品包装就已向减量化、轻量化和绿色环保方面发展，随着新型、节能、环保包装材料的需求持续增加，海尔采用了纸浆模型做缓冲包装材料，替代了发泡塑料，不仅减低了成本，而且提升了公司的品牌形象，减少了白色污染。海尔的包装策略不仅使公司形象在消费者中深入人心，从而扩大了销售面积，增加了销售量，还极大地降低了产品成本，可谓一举数得。

六、产品组合

海尔集团现有家用电器、信息产品、家具集成、工业制造、生物制药和其他 6 条产品线，表明产品组合的宽度为 6。产品组合的长度是企业所有产品线中产品项目的总和。海尔现有15 100种不同类别、型号的具体产品，表明产品组合的长度是15 100。产品组合的深度是指产品线中每一产品有多少品种。如海尔集团的彩电产品线有宝德龙系列、美高美系列等 17 个系列的产品，而在宝德龙系列下，又有 29F8D-PY、29F9D-P 等 16 种不同型号的产品，这表明海尔彩电的深度是 17，而海尔宝德龙系列彩电的深度是 16。产品组合的关联度是各产品线在最终用途、生产条件、分销渠道和其他方面相互关联的程度。如海尔集团所生产的产品都是消费品，而且都是通过相同的销售渠道，就产品的最终使用和分销渠道而言，这家公司产品组合的关联度较大；但是，海尔集团的产品对消费者来说有各自不同的功能，就这一点来说，其产品组合的关联度小。

七、服务决策

在国内，海尔的售后服务令用户赞不绝口：用户打一个电话，45 分钟内工作人员就会上门服务。家电全程管家服务人员在一年 365 天都可以为用户提供全天候上门服务。当人们提起海尔，就会自然地联想到服务好、值得信赖。海尔把服务当作自身战略的重点内容实施。海尔是第一个提出保修概念，第一个提出五星级服务方式的家电企业，并且大力度地建立完善的分销网络和服务中心。至今为止，海尔的售后服务人员达到20 000多人。海尔在大城市有 30 多个电话服务中心和上万个销售点，并且服务可深入多数农村。这样一个强大的服务体系不仅意味着能给消费者提供更加方便和快捷的服务，也在不断传递着“真诚到永远”的理念。

——案例来源于网络

5.1 产品整体概念

经过市场细分,企业选择了与自己相匹配的目标市场,并进行了有效的市场定位。接着就要把营销组合因素——产品、价格、分销渠道、促销进行有机地结合,形成一套行之有效的营销方案。本章节我们将学习产品策略,它是营销组合中的首要因素,无论是定价、分销渠道还是促销策略,都是以产品策略为出发点。

一、产品整体概念

在传统的概念中,产品是指具有某种特定物质形态和用途的物体。市场营销学认为,现代产品的概念是指向市场提供的能满足人们某种需要的一切物品和劳务。它既包括具有物质形态的产品实体,又包括非物质形态的利益。这就是产品整体概念。

产品整体概念是指企业向市场提供的能够满足消费者某种需求的有形物品和无形服务的总和。它包含了三个层次:核心产品、有形产品和附加产品。三个层次缺少了一个都不能称为现代营销学意义的产品。如图 5-1 所示。

1.核心产品

核心产品也称为产品核心层或实质产品,是消费者在购买商品时追求的效用和利益,是产品整体概念中最基本的内容。如消费者购买空调,是追求空调调节温度的功能,让环境更加舒适,因而调节温度就是空调的核心产品。

2.有形产品

有形产品也称为产品有形层或形式产品。主要表现形式有:形态、包装、品牌、品质、特征。它是核心产品得以实现的载体。消费者在购买产品时,除了考虑核心利益外,还要考虑产品其他的外部特征。如消费者在购买空调时,除了考虑其调节温度的功能,还会考虑空调的品牌、外观、颜色、质量等。因而有形产品是企业在市场竞争中吸引消费者的一个重要方面。

3.附加产品

附加产品又称为产品附加层或延伸产品,是指消费者购买有形产品时所获得的附加于产品上的各种服务和利益,包括:送货、安装、技术培训、维修、提供信贷等。随着科学技术的发展,不同企业提供的核心产品和有形产品的差距越来越小,产品的特色和差异更多地体现在企业所提供的服务上。故而企业的竞争开始越来越集中在附加产品层次上。海尔空调就是通过向消费者提供“星级服务”来获得市场优势的。

顾客所追求的是整体产品,企业提供的也应当是整体产品。因而,产品整体概念充分体现了以顾客为中心的现代营销观念。

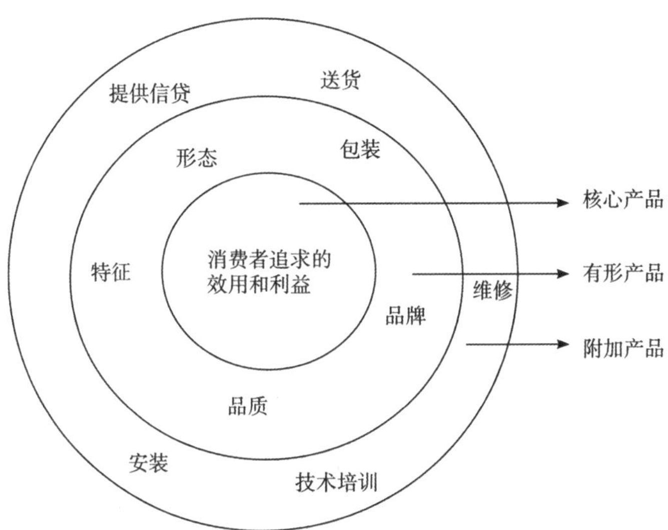

图 5-1　产品整体概念的三个层次

考核层次:理解

对应考纲要点:第 2 点

考核样题:

(单项选择题)以下属于核心产品的是(　　)。

A.某化妆品公司说:"我们销售的是美丽"

B.海尔空调通过向消费者提供"星级服务"来获得市场优势

C.华为推出曲面屏手机

D.为了满足消费者多样化的需求,海尔推出不同颜色的空调

【参考答案】A

【解析】本题考查对产品整体概念的理解。消费者购买化妆品的目的是希望美丽,增加魅力,这是产品的核心层次;海尔通过"星级服务"来获得市场优势,这是通过附加产品来提高产品竞争力;华为推出的曲面屏手机和海尔推出不同颜色的空调都是对产品外观进行改进,因而是有形产品。因此选 A。

二、产品组合策略

企业在进行营销活动时,要根据市场的需求和自身的资源优势来决定要什么产品、生产多少。这就产生了产品组合。

(一)相关概念

产品组合指企业经营的产品线、产品项目的结构和产品的结合方式,它反映了企业的经营范围和结构。产品组合包括:产品项目、产品线、产品线宽度、产品线深度、产品线长度和相容度。

1.产品项目

产品项目指品牌、规格、款式或价格档次有所不同的单个品种。凡是列入销售目录

④以中低档的产品填补产品线的空白,防止竞争者涉足。

采用向下延伸的策略,消费者比较容易接受,企业可以获得更大的市场份额,成本低,且短期内效益明显。但是这一策略也有一定的风险,那就是当企业推出中低档产品时,可能会使原来的高档产品市场变小。此外,中低档产品很可能影响企业原有产品的市场形象及市场声誉。所以,在采用向下延伸策略时,企业要单独设计一套相应的市场营销策略,但这些又会增加企业的营销费用。

(2)向上延伸是指原来定位于低档产品市场的企业,在原有的产品线内增加高档产品项目,使企业进入高档产品市场。

向上延伸策略有利于提高产品形象和企业整体形象。但是,改变产品在消费者心目中的地位是很困难的,要承担的风险也比向下延伸大。

(3)双向延伸是指原来定位于中档产品市场的企业,在原有的产品线内向上下两个方向延伸,同时增加高档产品和低档产品。

双向延伸策略灵活性大,特别适合新兴行业,但同时也会加大企业的投资。

4.产品线现代化

产品线现代化是将现代化科学技术应用到生产过程中,从而达到优化产品组合的目的。

考核层次:掌握

对应考纲要点:第3点

考核样题:

(单项选择题)某公司增加了产品的规格种类,这是改变了产品线的(　　)。

A.宽度　　B.长度　　C.深度　　D.关联性

【参考答案】C

【解析】本题考查对产品线深度和产品线宽度的掌握情况。产品的规格种类属于产品线的深度。因此选C。

5.2　产品生命周期

世间万物都有生有灭,产品也和所有生物一样拥有生命,从诞生到衰亡,有一个周期。企业的产品生命周期理论是制定产品策略的重要依据。根据产品生命周期各阶段的特点,有效利用企业营销组合策略,能够使企业在动态的市场环境中求得生存与发展,赢得有利的市场地位。

一、产品生命周期概念

产品生命周期是指产品从进入市场到最后被市场淘汰的全过程。一个新产品上市，它的生命周期就开始了，当它不被市场接受而退出市场，生命周期便结束了。因而我们说的产品生命周期指的是市场寿命周期，而不是产品的使用寿命和自然寿命。

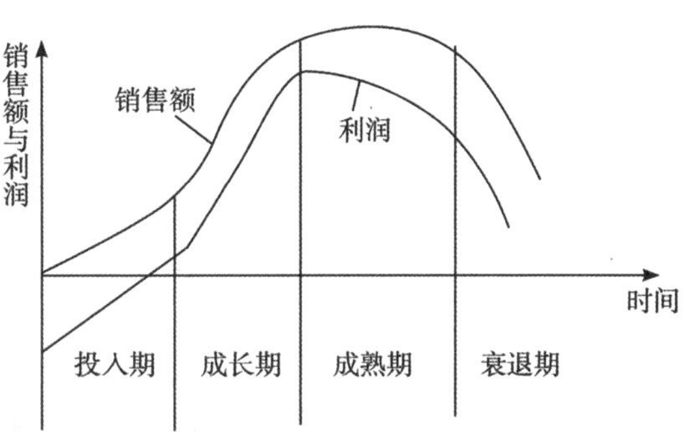

图 5-2　产品生命周期示意图

一个典型的产品生命周期一般可以分成四个阶段：投入期、成长期、成熟期、衰退期(如图 5-2 所示)。为了便于分析和研究，我们用一个理论图形来表现典型的产品生命周期。

正确认识不同的市场寿命周期：

(1)产品的市场寿命和产品的使用寿命是两个不同的概念。两者之间的区别如表5-2所示。

表 5-2　产品市场寿命与使用寿命的区别

区别内容	产品市场寿命	产品使用寿命
内涵	经济寿命	使用或自然寿命
区域	流通领域	消费领域
周期	进入市场到退出市场	开始使用到废弃
时间长短	有些产品市场寿命长，使用寿命短； 有些产品市场寿命短，使用寿命长	

(2)不同的产品市场寿命周期长短不同。手机、电脑等产品市场寿命周期较短。火柴、香烟、酒的市场寿命周期较长。

(3)不同的产品市场寿命周期曲线表示的图形不同。一般产品的市场寿命周期呈“S”曲线，但有些产品的市场寿命周期表现为特殊曲线。比较典型的有以下几种：

第一种：早夭型。早夭型曲线指产品上市即热销，然后很快地在市场竞争中被淘汰，企业也不做延长其生命周期的任何努力。如图 5-3 所示。

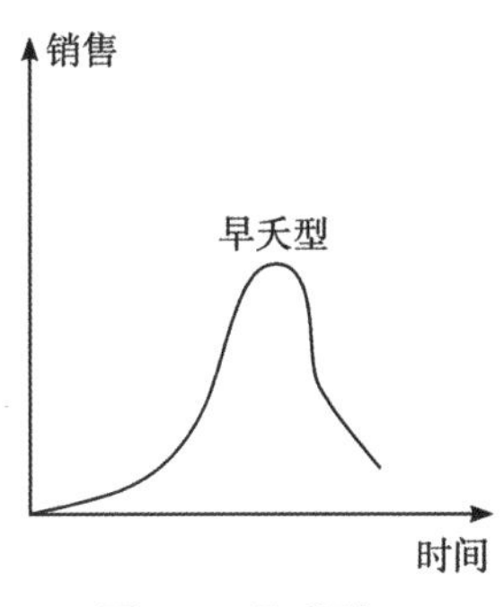

图 5-3　早夭型

第二种：扇贝型。这种产品的生命周期特点是不断延伸再延伸，原因是产品不断创新，并不断发现新的市场，开发新的用途。如图 5-4 所示。

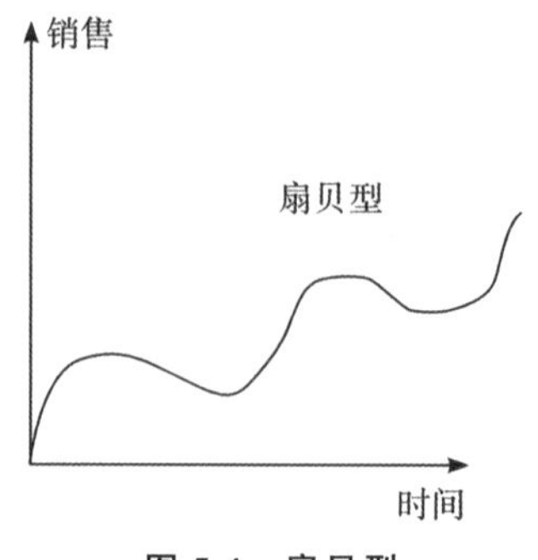

图 5-4 扇贝型

第三种:流行型。流行产品刚上市时,往往只有少数人接受,慢慢其他消费者也产生兴趣,纷纷模仿,进入消费模仿阶段;之后被越来越多的消费者接受,进入全面流行阶段;最后,产品缓慢衰退。如图 5-5 所示。

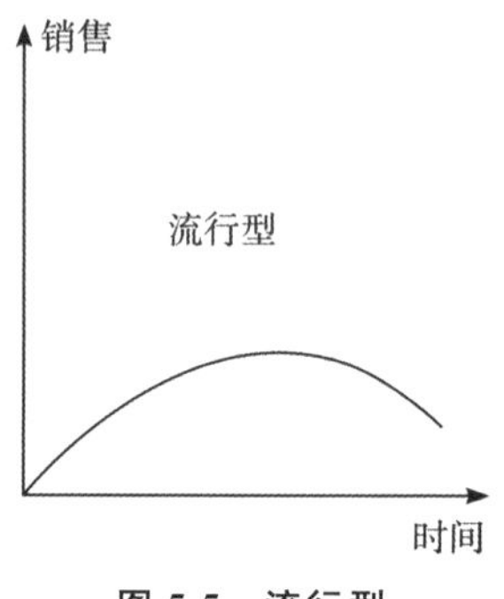

图 5-5 流行型

第四种:风格型。又称"循环—再循环"型。新产品推出时,企业大力促销,使产品销售出现一个高潮,然后销售下降。于是,企业不断发起促销,使产品的销售出现一个又一个销售高峰。如图 5-6 所示。

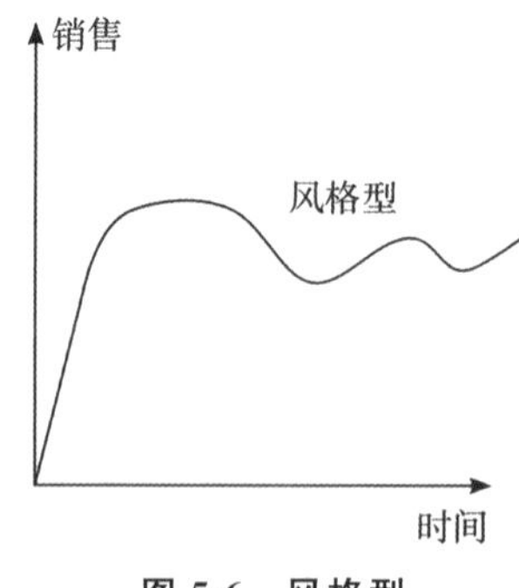

图 5-6 风格型

理想的产品生命周期的形态:产品投入期短,企业研制开发成本较低;成长期发展迅速,新产品销售额和利润迅速增长,很快进入高峰,产品在进入市场不久就可以获得最大的收入;成熟期长,延长公司获利时间和利润数额;衰退期非常慢,这意味着销售额和利润缓慢下降,不是突然跌落。

考核层次:理解

对应考纲要点:第 2 点

考核样题:

(单项选择题)在市场寿命周期曲线中,表现一些产品上市即热销,然后很快地在市场竞争中被淘汰,企业也不做延长其生命周期的任何努力的是(　　)。

A.风格型　　B.早夭型　　C.扇贝型　　D.流行型

【参考答案】B

【解析】本题考查产品生命周期多样化的曲线。从题目的描述中可知,这是早夭型的市场寿命曲线。因此选 B。

二、市场生命周期各阶段的特点和营销策略

在产品市场生命周期的不同阶段,其销量、利润水平、竞争情况、顾客需求有所不同。根据这些不同的特点,企业可以制定行之有效的营销策略。

(一)投入期

1.概念及特点

投入期是新产品首次上市后的最初销售阶段。这个阶段主要的特点是:

(1)消费者对产品不了解,持怀疑和观望态度;

(2)销量小,单位成本高,利润少,甚至出现亏损;

(3)未建立理想的销售渠道,产品性能等不够完善;

(4)营销费用开支大;

(5)竞争者少。

在产品生命周期的投入期,企业承担的市场风险最大,新产品很容易在这个阶段夭折。

2.营销策略

这个阶段,企业营销策略的重点是使产品尽快地为市场所接受,缩短产品的市场投放时间。其营销策略有:

(1)借助原有产品品牌的影响,提高新产品的市场知晓度,尽快吸引顾客使用;

(2)注重产品给消费者的“第一印象”,提高产品质量;

(3)利用各种促销手段宣传产品,并建立有效的分销渠道;

(4)投入期的市场营销策略应该全面考虑产品价格、质量、分销和促销等营销因素。

把投入期的价格和促销进行搭配,可以组成四种促销组合。如图 5-7 所示。

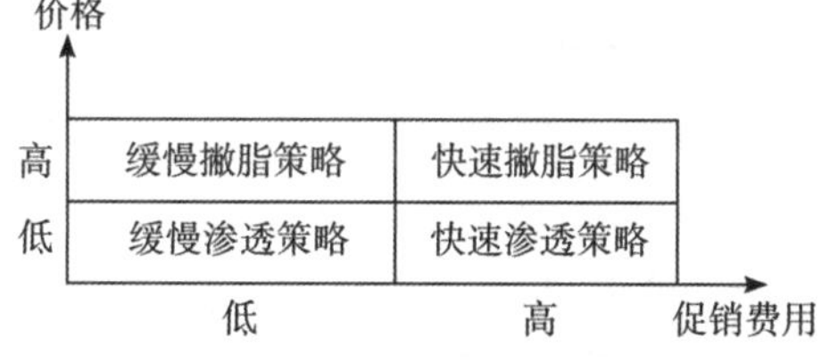

图 5-7　投入期市场策略

①双低策略——缓慢渗透策略。这一策略以低价刺激市场,使消费者迅速接受新产品,扩大市场占有率,又以低水平促销来减少费用。这种策略适合市场容量大、产品知名度高、顾客对价格较为敏感、竞争激烈的产品。

②低价高促销——快速渗透策略(密集型渗透策略)。这一策略可以快速占领市场,达到最大的市场占有率。这种策略适合市场容量大、顾客注重价格、潜在竞争激烈的产品。

③高价低促销——缓慢撇脂策略。这一策略希望在减少促销费用的情况下,也能获取高额利润。这种策略适用于市场容量较小、竞争不太激烈、消费者较了解和信任的产品。

④高价高促销——快速撇脂策略。这一策略适用于市场上有较大的需求潜力,目标顾客求新心理强且愿意高价购买新产品,企业面临潜在竞争的威胁,需要尽早树立品牌的产品。

(二)成长期

1.概念及特点

经过投入期,消费者对新产品已经熟悉和了解,购买人群和数量迅速增加,新产品就进入了第二个阶段——成长期。在这个阶段,主要有如下特点:

(1)销量快速增长;

(2)成本降低,利润增加;

(3)竞争加剧;

(4)建立了比较理想的渠道;

(5)促销费用提高,企业利润逐步达到最高峰。

2.营销策略

这个阶段企业的营销目标是尽可能地延长产品的成长期,保持销售额增加,实现最大的市场占有率。可以采用如下营销策略:

(1)提高产品质量,增加产品品种,扩大产品用途,以满足消费者的需求,提高企业产品竞争力。

(2)适时降低价格,以吸引更多的消费者。

(3)加强促销,宣传产品性能,树立强有力的产品形象。建立品牌偏好,争取更多消费者。

(4)完善分销渠道。开拓新的渠道和市场,扩大产品销量。

(三)成熟期

1.概念及特点

产品的销量一旦由高速增长变为逐步放慢增长速度,产品便从成长期进入成熟期。这个阶段持续时间最长。这个阶段主要有如下特点:

(1)市场竞争更加激烈,为取得竞争优势,企业要增加营销费用;

(2)因改进产品和开发产品需要,成本上升;

(3)一些竞争能力差的企业渐渐退出市场,新加入的竞争者很少;

(4)企业常采用低价格、高促销费用的策略，利润额下降，单位产品利润减少。

2.营销策略

(1)改进市场策略：从广度和深度上进一步开拓新市场，以寻求新用户；

(2)改进产品策略：进行产品革新，使产品多样化、差异化，包括提高产品质量，改变产品特性和款式，为顾客提供新的服务等；

(3)改进营销组合策略：对企业原有的市场营销组合进行调整，但这种方式容易被竞争者模仿。

(四)衰退期

1.概念及特点

衰退期的产品已经陈旧老化，销售量急剧下降。此阶段的主要特点是：

(1)因新产品问世，消费者需求转移，大多数消费者不再购买此产品，产品的销量、利润急剧下降，甚至出现亏损；

(2)价格大幅下降，因为销量小，成本明显上升，多数企业无利可图，被迫退出市场，竞争者数量大大减少；

(3)各种促销手段失灵。

2.营销策略

这个阶段企业的营销目标是压缩营销费用，进行市场收缩。可采用的营销策略有：

(1)缩减产品组合：把资源集中到最有利的细分市场、最有效的销售渠道和最畅销的款式上；

(2)降低促销费用；

(3)继续降价以求保本；

(4)放弃策略：停止生产和经营进入衰退期的产品，转向新产品的生产和经营。

产品生命周期的不同阶段的特点和营销策略如表 5-3 所示。

表 5-3　产品生命周期特点、营销策略综合表

阶段		投入期	成长期	成熟期	衰退期
特点	销售额	低	迅速上升	达到顶峰	下降
	成本	高	开始下降	低	回升
	利润	低或亏损	上升	高	下降
	竞争者数量	少	增多	相对稳定并开始减少	减少
	市场策略	市场扩张	市场渗透	市场防御	市场退缩
营销策略	产品策略	基本	改进品	差异化	不变
	价格策略	高或低	降低	最低	最低或上升
	渠道策略	选择性	密集	密集	选择性
	促销策略	产品知晓	品牌偏好	品牌忠诚度	选择性
	综合策略	准	优	改	转

三、延长产品生命周期的途径

延长产品生命周期并不是延长每个阶段，而是指延长产品的成长期和成熟期这两个阶段。当市场上还没有新产品进入，或者还有潜在市场可以开发，企业应该想方设法延长产品的生命周期。具体的途径有：

1.产品革新

研究和增加产品的功能及用途，改进产品质量以吸引更多的消费者购买产品。

2.宣传产品差异

产品的差异各有不同，企业可以通过提高品牌形象、改变产品包装、宣传产品特征来达到差异化的目的，从而延长产品的生命周期，使企业连续不断地获得较高的利润。

3.对产品重新定位

当市场发生变化时，原来的产品市场可能变小，这时就要对产品进行重新定位，以维持或扩大市场占有率。

4.开辟新市场

产品进入成熟期后，要不断寻找新的细分市场，发现新的市场机会，以便维持该产品的销售，达到延长成熟期的目的。

5.进行市场渗透

当产品处于成长期或成熟期时，市场上仍有许多了解产品但尚未购买产品的消费者，甚至还有一些不了解产品的消费者。企业可通过维持一定的广告量，不断“说服”潜在消费者，还要不断扩大销售渠道，使渠道更加密集。

考核层次：掌握

对应考纲要点：第3点

考核样题：

（单项选择题）利润以较大幅度增长的阶段是（　　）。

A.投入期　　B.成长期　　C.成熟期　　D.衰退期

【参考答案】B

【解析】本题考查对产品生命周期特点的掌握。产品的投入期利润较少；进入成长期利润以较大幅度增长；成熟期利润额下降；到了衰退期，产品陈旧老化，销量和利润都急剧下降，甚至出现亏损。因此选B。

5.3　新产品开发

在当今竞争激烈的市场环境下，企业要想持久占领市场，光靠现有产品是不够的，还必须不断更新换代，推陈出新，才能够适应经常变化的市场需求。因此企业就必须不断研究和开发新产品,以保持企业在市场上的竞争力。

5.3.1 新产品概念

从市场营销的角度看,凡是企业向市场提供的过去没有生产过的产品都叫新产品。具体地说,只要是产品整体概念中的任何一部分有变革或创新,并且给消费者带来新的利益和新的满足的产品,都可以认为是一种新产品。新产品大体包含以下四类:全新产品、换代新产品、改进新产品和仿制新产品。

一、全新产品

全新产品是指应用科技新成果,运用新原理、新技术、新工艺和新材料制造的市场上前所未有的产品。全新产品一般是由于科技进步或为满足市场上出现的新的需求而发明的产品,具有明显的新特征和新性能,甚至能改变用户或消费者的生产方式或消费方式。但全新产品的开发难度大,开发时间长,需大量投入,成功率低。一旦成功,用户和消费者也还需要一个适应接受和普及推广的过程。

二、换代新产品

换代新产品,是指在原有产品的基础上,采用新技术和新材料,对现有产品进行较大革新,能给使用者带来新利益的新产品。如黑白电视机革新为彩色电视机、普通缝纫机革新为电动缝纫机等,后者都属换代型新产品。

三、改进新产品

改进新产品是指在原有老产品的基础上进行改进,使产品在结构、功能、品质、花色、款式及包装上具有新的特点和新的突破。改进后的新产品,其结构更加合理,功能更加齐全,品质更加优质,能更多地满足消费者不断变化的需要。

四、仿制新产品

仿制新产品指企业本身还没有、但市场上已经存在,企业加以模仿制造的产品,称为本企业的仿制新产品。

考核层次:理解

对应考纲要点:第 2 点

考核样题:

(多项选择题)新产品可以分成(　　　　)。

A.全新产品　　　　B.换代新产品

C.改进新产品　　　　D.仿制新产品

【参考答案】ABCD

【解析】本题主要考查对新产品概念的理解。从市场营销的角度看,凡是企业向市场提供的过去没有生产过的产品都叫新产品。新产品大体包含以下四类:全新产品、换代新产品、改进新产品和仿制新产品。因此选 ABCD。

5.3.2 新产品开发程序

新产品的开发是一项艰巨、复杂、投入大、风险大、成功率低的工作。不同企业的产品项目与生产条件不同,新产品开发程序也有所不同。但为了降低新产品的失败率,企业要按照科学的程序来开发新产品,一般企业开发新产品的程序大体经过六个步骤,如图 5-8 所示。

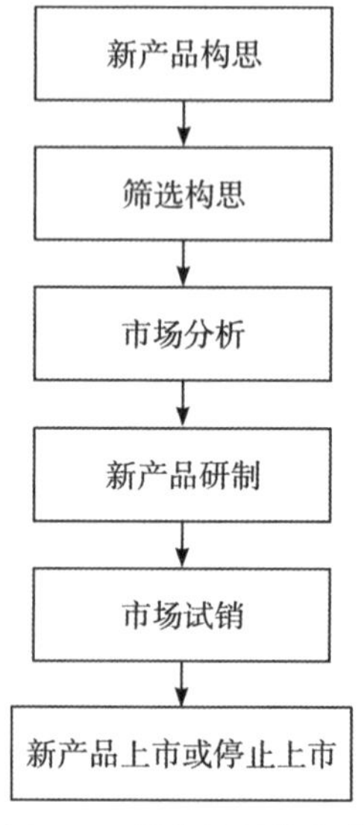

图 5-8　新产品开发程序

一、新产品构思

新产品开发是一种创新活动,产品创意是开发新产品的关键。在这一阶段,要根据社会调查掌握的市场需求情况以及企业本身条件,充分考虑用户的使用要求和竞争对手的动向,有针对性地提出开发新产品的设想和构思。产品创意对新产品能否开发成功有至关重要的意义和作用。企业新产品开发构思创意主要来源有客户、本企业员工、科研人员、竞争对手等。

1.客户

企业着手开发新产品,首先要通过各种渠道掌握目标客户的需求,了解客户在使用老产品过程中有哪些改进意见和新的需求,并在此基础上形成新产品开发创意。

2.本企业员工

本企业员工,特别是销售人员和技术服务人员,经常接触用户,比较清楚用户对老产品的改进意见与需求变化。

3.专业科研人员

科研人员具有比较丰富的专业理论和技术知识,要鼓励他们发扬这方面的专长,为企业提供新产品开发的创意。此外,企业还通过情报部门、工商管理部门、外贸等渠道,征集新产品开发创意。

4.竞争对手

竞争对手的产品成败,对企业新产品的构思具有引导、启发和借鉴的意义。

二、筛选构思

并非所有的新产品构思都能发展成为新产品。有的产品构思可能很好,但与企业的发展目标不符合，也缺乏相应的资源条件；有的产品构思可能本身就不切实际，缺乏开发的可能性。因此，企业在筛选新产品构思时，既要考虑到新产品必须满足目标顾客的需求，还要和企业的发展目标和企业开发能力相符合。

三、市场分析

市场分析主要是对构思的新产品在目标市场潜在消费者的数量和市场占有率进行分析，剖析与同类竞争者相比自身有什么优势，以及对新产品的投资成本、销量和利润做出预测。

四、新产品研制

新产品试制阶段是将新产品的开发潜在性转化为现实产品的关键一步。在这一阶段，企业的研发部门、技术部门和营销部门共同合作，攻破各种技术难关，完成新产品的试制。

五、市场试销

企业的研发部门在对新产品进行反复功能测试和消费者测试之后，选择出商品运作可能性最高的新产品投入小批量生产，并将产品投放到市场上试销。在试销的过程中，企业要密切关注市场的使用率和收集客户的反馈信息，有针对性地改进新产品，为新产品的正式上市打好基础。

六、新产品上市或停止上市

如果新产品试销失败，则停止上市；如果新产品试销成功，就可以正式批量投产和上市。在这个阶段，企业需要投入大量的资金，又因为此时处于新产品的投入期，产品利润较小，企业要特别注重选择投放市场的时机、新产品投放的地区以及相配套的市场营销策略。

考核层次：了解

对应考纲要点：第1点

考核样题：

（单项选择题）下列哪一项是正确的新产品开发程序？（　　）

A.新产品构思—筛选构思—市场分析—新产品研制—市场试销—新产品上市

B.新产品构思—筛选构思—新产品研制—市场分析—市场试销—新产品上市

C.新产品构思—市场分析—筛选构思—新产品研制—市场试销—新产品上市

D.新产品构思—筛选构思—新产品研制—市场试销—新产品上市—市场分析

【参考答案】A

【解析】本题主要考查对新产品开发程序的了解。新产品的开发是一项艰巨、复杂、投入大、风险大、成功率低的工作。一般企业开发新产品的程序大体经过六个步骤：新产品构思—筛选构思—市场分析—新产品研制—市场试销—新产品上市或停止上市。因此选A。

5.4 品牌策略

在当今激烈的市场竞争环境中，品牌不仅是消费者识别产品的重要途径之一，同时也是企业重要的无形资产，因此品牌成为企业产品管理中的重要组成部分。

5.4.1 品牌概念

品牌是一个名称、名词、符号或设计，或者是它们的组合，其目的是识别某个销售者或某群销售者的产品或劳务，并使之同竞争对手的产品和劳务区别开来。与品牌紧密联系的有如下一些概念：

1.品牌名

品牌名是品牌中可以用语言表达的那部分——词语、字母、数字或词组等的组合，如华为、旺仔、OPPO等。

2.品牌标志

品牌标志是品牌中不可以发声的部分——包括符号、图案或明显的色彩或字体，如耐克的“勾”造型，麦当劳的黄色“M”字等。

3.品牌角色

品牌角色是用人或拟人化的标识来代表品牌的方式，如海尔兄弟、老干妈、王守义十三香等。

4.商标

商标是受到法律保护的整个品牌、品牌标志、品牌角色或者各要素的组合。当商标使用时，要用“R”或“注”明示，意指注册商标。

考核层次：理解

对应考纲要点：第2点

考核样题：

（单项选择题）在品牌的概念中，可以用语言表达的那部分是（　　）。

A.品牌团　　B.品牌名　　C.品牌标志　　D.商标

【参考答案】B

【解析】本题主要考查对品牌概念的理解。品牌是一个名称、名词、符号或设计，或者是它们的组合，其中品牌名指的是品牌中可以用语言表达的那部分。因此选B。

5.4.2 品牌种类

一、根据品牌的完整性划分

根据品牌的完整性可以将品牌分为完全品牌、品名品牌、品标品牌。

1.完全品牌

完全品牌是指既有品牌名称又有品牌标志的品牌。这种包含品名和品标的完全品牌,既有利于企业传播宣传,又便于消费者进行视觉记忆。如小米系列的产品,既因小米这一品牌名称简单通俗便于记忆,也因其品牌标志是一个以橙色为底,四角圆弧设计的圆角矩形,中间嵌入白色 MI 字母,寓意“米”字,进一步加深了消费者的记忆。当人们看到品标时,就会联想到品牌以及旗下的产品。

2.品名品牌

品名品牌是指只有品牌名称而没有品牌标志的品牌。品名是品牌在传播过程中不可缺少的部分,可以通过传诵实现品牌的传播。有很多的企业采用这种有品名物品标的品牌设计形式,如博士(Bose)、松下(Panasonic)、东芝(TOSHIBA)等。

3.品标品牌

品标品牌是指仅有品牌标志而无品牌名称的品牌。品标品牌不利于品牌传播,常不被人注意,一般很少企业使用这种品牌。

二、根据品牌的文字类型划分

根据品牌的文字类型划分,可以将品牌分为中文品牌、外文品牌和数字品牌。

1.中文品牌

中文品牌是指用中文发音命名的品牌。中文品牌不仅广泛应用于中国的企业,还广泛应用于在中国市场经营的外资或合资企业。如日本的“SONY”公司进入中国市场后也有了属于自己的中国品牌“索尼”,除此之外,还有可口可乐公司的“可口可乐”、麦当劳公司的“麦当劳”等。中文品牌中还可以使用汉语拼音品牌,这也是一种品牌模式。这类品牌通常与汉字品牌匹配,如华为“Huawei”、海尔“haier”等。

2.外文品牌

外文品牌以英文品牌为主。此类品牌为外国企业或者跨国集团使用。如:LV、Gucci、Cocacola、IBM、OPPO 等。

3.数字品牌

数字品牌是指用数字表示的品牌。如“999”感冒灵、章光“101”生发剂等。

许多企业为了适应不同国家、地区的消费者,在品牌设计时会采用两种文字同时使用的形式。如:华为 Huawei、松下 Panasonic、飞利浦 Philips 等。

三、根据品名本身的含义划分

根据品名本身的含义划分,可以分为人名品牌、地名品牌、动植物品牌、企业名称品牌和无含义品牌。

1.人名品牌

人名品牌指的是用人的姓名或姓名的一部分命名的品牌。企业在选择人名命名品牌时,通常采用创始人或者是企业值得纪念的人或者是希望能够借助名人效应促进产品销售的姓名。如“老干妈”“王守义”“李宁”“乔丹”等。

2.地名品牌

地名品牌指的是用地名作为产品的品牌。这里使用的地名很多是与产地或与企业有关联的地区、城市等。如“青岛啤酒”“沙县小吃”“兰州拉面”等。

3.动植物品牌

动植物品牌指的是用动物或植物的名称来作为产品的品牌或品牌的一部分。如“大白兔”“青蛙王子”“含羞草”“小天鹅”“小牛”等。

4.企业名称品牌

企业名称品牌是指用企业或企业名称的一部分或企业名称的缩写设计而成的产品品牌,如“小米”“华为”“海尔”等。

5.无含义品牌

无含义品牌指的是企业独创的无实意的品牌名称。一般来说,这类品牌都是企业经过精心设计、比较选择后才决定的。如:华为、夏普等。

除了上述几种分类外,品牌还可依据品牌的寓意划分为功能性品牌、效果性品牌、情感性品牌;根据品牌的生命周期长短划分为短期品牌、长期品牌;根据品牌来源划分为自有品牌、外来品牌和嫁接品牌;根据品牌产品的所属行业不同划分为家电业品牌、食用饮料业品牌、日用化工业品牌、汽车机械业品牌、商业品牌、服务业品牌、服装品牌、女装品牌、网络信息业品牌等等。

5.4.3 品牌策略

一、品牌化决策

品牌化决策是指企业决定是否给产品使用品牌、起名字、设计标志的活动。在日益激烈的市场竞争环境中,使用品牌可以提高企业的知名度和产品的辨识度,同时还可以获得消费者的认可。虽然品牌化是商品市场发展的大趋势,但对于单个企业而言,是否要使用品牌还必须考虑产品的实际情况,因为在获得品牌带来的上述好处的同时,建立、维持、保护品牌也要付出巨大成本,如包装费、广告费、标签费和法律保护费等。所以在市场中也出现了一些无品牌的产品,如细条面、卫生纸等一些包装简单、价格低廉的基本生活用品,这使得企业可以降低在包装和广告上的开支,以取得价格优势。

考核层次:掌握

对应考纲要点:第3点

考核样题:

(单项选择题)企业决定是否给产品使用品牌、起名字、设计标志的活动,指的是(　　)。

A.品牌统分决策　　B.品牌归属决策　　C.品牌化决策　　D.其他品牌决策

【参考答案】C

【解析】本题主要考查对品牌化决策的掌握情况。品牌化决策是指企业决定是否给产品使用品牌、起名字、设计标志的活动。因此选C。

二、品牌归属策略

当企业决定采用品牌化策略之后,接下来就要决定品牌归属策略,企业可以采用的品牌归属策略有以下几种：

1.自有品牌策略

自有品牌策略是品牌运营的首要选择。企业可以通过自行设计品牌或者从其他企业购入或通过企业并购的形式获得商标的专用权。

2.他人品牌策略

他人品牌策略是指属于他人所有但是企业拥有使用权的品牌。选用他人品牌推出产品，可以实现借誉上市，有利于产品的销售。他人品牌策略因品牌所有者性质不同，可以分为中间商品牌和其他生产者品牌。

3.自有品牌与他人品牌共存策略

这是指同一种产品，一部分使用自有品牌销售，一部分使用中间商品牌或其他生产者品牌销售。

考核层次：掌握

对应考纲要点：第3点

考核样题：

(单项选择题)在品牌归属策略中，它是品牌运营的首要选择。企业可以通过自行设计品牌或者从其他企业购入或通过企业并购的形式获得商标的专用权，它指的是(　　)。

A.自有品牌策略　　B.他人品牌策略

C.自有品牌与他人品牌共存策略　　D.其他品牌决策

【参考答案】A

【解析】本题主要考查对品牌决策的掌握情况。自有品牌策略是品牌运营的首要选择。企业可以通过自行设计品牌或者从其他企业购入或通过企业并购的形式获得商标的专用权。因此选A。

三、品牌统分策略

品牌统分策略是指某个企业或企业的某种产品在某种市场定位下，采用一个或多个品牌，从而最大限度地形成品牌的差别化和个性化，企业进而以品牌为单位组织开展营销活动。一般有以下几种策略：

1.个别品牌策略

个别品牌策略是指企业的不同产品分别使用不同的品牌。其好处主要是：企业的整体声誉不会因为旗下某一品牌产品信誉下降而受到影响；同时个别品牌为企业开发新产品和寻求最佳品牌提供了条件，企业可以开发多条产品线和产品项目。不足之处是个别品牌策略会增加企业产品的促销费用，增加企业的经济负担，品牌过多不利于企业创立品牌。

2.统一品牌策略

统一品牌是指企业所有的产品都统一使用一个品牌名称。企业采用统一品牌策略，可以节约品牌设计、传播、宣传等费用，不仅有利于推出新产品，还有利于多种产品的销售,有助于塑造品牌及企业形象。但是统一品牌策略也有一定的风险,如果其中某一种产品营销失败,有可能影响到企业的声誉和其他产品的销售。

3.多品牌策略

多品牌策略是指企业为一种产品设计两种或者两种以上互相竞争的品牌。企业采用多品牌策略,可以较好地分散风险,便于消费者识别不同质量、不同特点、不同档次的产品。不足之处就是促销费用高,品牌分散后不利于企业树立整体形象,并存在企业自身产品互相竞争的现象。

4.分类品牌策略

分类品牌策略指的是由于企业所经营的各类产品之间的差别非常大,企业必须根据产品的不同分类归属来采取多品牌策略,即为各类产品分别命名,一类产品使用一个品牌。

5.品牌扩展策略

品牌扩展策略,是指企业利用其成功品牌名称的声誉来推出改良产品或新产品,包括推出新的包装规格、香味和式样等,以凭借现有名牌产品形成系列名牌产品的一种名牌创立策略。

品牌扩展策略具有许多优点。首先,著名的品牌名称可使产品迅速得到市场的承认,能够较快被市场接受,从而有助于公司经营新的产品类别。其次,品牌扩展可节省用于促销新品牌所需要的大量费用,有利于消费者迅速了解新产品。不足之处是一旦新产品不能令人满意,就可能影响消费者对同一品牌名称的其他产品的态度;另外品牌过分扩展将导致已经有的品牌名称丧失其在消费者心目中的特殊定位。

6.主副品牌共用策略

这种策略是指企业在生产多种产品的情况下,给其所有产品冠以统一品牌的同时,再根据每种产品的不同特征给其取上一个恰如其分的名称,这就是“副品牌”。这种策略既能体现企业的整体实力,又有助于企业建立统一化的企业形象,企业产品不仅可以借用主品牌的优势,还能够通过副品牌突出产品的个性。

7.企业名称与品牌并用策略

这种策略是在品牌前面冠以企业的名称。这种策略既可以节省产品的促销费用,又可以使企业品牌保持自身的特点,有利于消费者对品牌的辨识。

考核层次:掌握

对应考纲要点:第3点

考核样题:

(选择题)统一品牌策略是指企业的每一种产品分别使用不同的品牌。(　　)

A.正确　　　　B.错误

【参考答案】B

【解析】本题主要考查对品牌决策的掌握情况。个性品牌策略是指企业的每一种产品分别使用不同的品牌。因此选B。

同步练习

一、单项选择题(本大题共 20 小题,在每小题给出的四个选项中,只有一项符合题目要求)

1.向消费者提供基本效用和需求的是产品整体概念中的(　　)。

A.核心产品　　B.有形产品　　C.附加产品　　D.期望产品

2.产品组合的长度指(　　)的总数。

A.产品品种　　B.产品品牌　　C.产品项目　　D.产品线

3.既讲产品组合宽度,又讲产品组合深度的是(　　)。

A.便利店　　B.专业店　　C.小商场　　D.综合百货

4.产品组合的(　　)是指一条产品线中拥有的产品项目数的多少。

A.长度　　B.深度　　C.关联度　　D.宽度

5.某鞋店经营女鞋 40 个项目,男鞋 20 个项目,童鞋 15 个项目,那么该鞋店的产品组合深度为(　　)。

A. 75　　B. 25　　C. 3　　D. 40

6.当市场不景气时,企业采用(　　)策略会使总利润上升。

A.扩大产品组合　　B.缩减产品组合

C.产品线延伸　　D.保持原有

7.在产品的投入期,快速渗透策略是(　　)。

A.高价高促销　　B.高价低促销　　C.低价低促销　　D.低价高促销

8.利润以较大速度增长的阶段是(　　)。

A.投入期　　B.成长期　　C.成熟期　　D.衰退期

9.成长期企业的主要目标是在消费者心目中建立(　　),争取更多的消费者。

A.产品质量　　B.产品保证　　C.产品特色　　D.品牌偏好

10.产品生命周期的(　　)阶段竞争最激烈。

A.投入期　　B.成长期　　C.成熟期　　D.衰退期

11.下面哪一项是正确的新产品开发程序?(　　)

A.新产品构思—筛选构思—市场分析—新产品研制—市场试销—新产品上市

B.新产品构思—筛选构思—新产品研制—市场分析—市场试销—新产品上市

C.新产品构思—市场分析—筛选构思—新产品研制—市场试销—新产品上市

D.新产品构思—筛选构思—新产品研制—市场试销—新产品上市—市场分析

12.在品牌的概念中,可以用语言表达的那部分是(　　)。

A.品牌团　　B.品牌名　　C.品牌标志　　D.商标

13.企业决定是否给产品使用品牌、起名字、设计标志的活动,指的是(　　)。

A.品牌统分决策　　B.品牌归属决策

C.品牌化决策　　D.其他品牌决策

14.在品牌归属策略中,它是品牌运营的首要选择。企业可以通过自行设计品牌或者从其他企业购入或通过企业并购的形式获得商标的专用权,这指的是(　　)。

A.自有品牌策略　　B.他人品牌策略

C.自有品牌与他人品牌共存策略　　D.其他品牌决策

15.企业的每一种产品分别使用不同的品牌,这指的是(　　)。

A.个别品牌策略　　B.统一品牌策略

C.多品牌策略　　D.分类品牌策略

16.多品牌策略是指企业为一种产品设计两种或者两种以上互相竞争的品牌。这种策略具有的优势有(　　)。

A.促销费用低　　B.管理方便

C.可以分散企业的风险　　D.有利于塑造整体形象

17.开发新产品的第一步是(　　)。

A.市场试销　　B.筛选构思　　C.新产品研制　　D.新产品构思

18.企业想利用其成功品牌名称的声誉来推出改良产品或新产品,适合采用(　　)。

A.分类品牌策略　　B.多品牌策略

C.品牌扩展策略　　D.主副品牌共用策略

19.这种策略是在品牌前面冠以企业的名称。这种策略既可以节省产品的促销费用,又可以使企业品牌保持自身的特点,有利于消费者对品牌的辨识。这种策略是(　　)。

A.主副品牌共用策略　　B.企业名称与品牌并用策略

C.分类品牌策略　　D.多品牌策略

20.如果其中某一种产品营销失败,将有可能影响到企业的声誉和其他产品的销售。这是(　　)的劣势。

A.自有品牌策略　　B.多品牌策略

C.分类品牌策略　　D.统一品牌策略

二、多项选择题(本大题共5小题,在每小题给出的四个选项中,有两个或两个以上选项符合题目要求。多选、错选、漏选均不得分)

1.产品整体概念中包括的三个层次是(　　　　)。

A.核心产品　　B.有形产品　　C.附加产品　　D.期望产品

2.产品在投入期采用快速掠取策略的条件是(　　　　)。

A.产品鲜为人知　　B.市场规模和容量都较小

C.消费者对价格不敏感　　D.企业预建立产品优质高价的形象

3.新产品可以分成(　　　　)。

A.全新产品　　B.换代新产品　　C.改进新产品　　D.仿制新产品

4.企业新产品开发构思创意的主要来源有(　　　　)。

A.客户　　B.本企业员工　　C.科研人员　　D.竞争对手

5.以下属于人名品牌的有(　　　　)。

A.老干妈　　B.王守义　　C.华为　　D.李宁

三、判断题(本大题共20小题。正确的选A,错误的选B)

1.产品是指满足消费者需要的任何东西。(　　)

A.正确　　　　B.错误

2.附加产品一般有五个标志:包装、品牌、品质、特征、形态。(　　)

A.正确　　　　B.错误

3.产品项目是指具有相同使用功能但规格、型号、档次、款式不尽相同的一组类似的产品。(　　)

A.正确　　　　B.错误

4.产品组合的宽度是指企业拥有的产品项目数的总和。(　　)

A.正确　　　　B.错误

5.缩减产品组合是指缩减产品的宽度、深度,实行相对集中经营。(　　)

A.正确　　　　B.错误

6.产品的经济寿命比使用寿命长。(　　)

A.正确　　　　B.错误

7.延长产品的生命周期就是延长它的任何一个阶段。(　　)

A.正确　　　　B.错误

8.在实践中,一些产品的生命周期,可能无限延长下去。(　　)

A.正确　　　　B.错误

9.在成熟期,企业承担的市场风险最大。(　　)

A.正确　　　　B.错误

10.所有产品的市场生命周期都要经过投入期、成长期、成熟期、衰退期四个阶段。(　　)

A.正确　　　　B.错误

11.统一品牌策略是指企业的每一种产品分别使用不同的品牌。(　　)

A.正确　　　　B.错误

12.从市场营销的角度看,凡是企业向市场提供的过去没有生产过的产品都叫新产品。(　　)

A.正确　　　　B.错误

13.改进新产品是指在原有老产品的外观基础上进行改进。(　　)

A.正确　　　　B.错误

14.新产品开发是一种创新活动,产品创意是开发新产品的关键。(　　)

A.正确　　　　B.错误

15.所有的新产品构思都能发展成为新产品。(　　)

A.正确　　　　B.错误

16.品牌名指品牌中可以用语言表达的那部分——词语、字母、数字或词组等的组合。(　　)

A.正确　　　　B.错误

17.只有部分的商标受到法律保护。(　　)

A.正确　　　　B.错误

18.中文品牌不仅广泛应用于中国的企业,也广泛应用于在中国市场经营的外资或合资企业。(　　)

A.正确　　　　B.错误

19.自有品牌策略是品牌运营的首要选择。企业可以通过自行设计品牌或者从其他企业购入或通过企业并购的形式获得商标的专用权。(　　)

A.正确　　　　B.错误

20.统一品牌是指企业所有的产品都统一使用一个品牌名称。(　　)

A.正确　　　　B.错误

四、案例选择题(本大题共 5 小题。在每小题给出的四个选项中,只有一项符合题目要求)

海尔洗衣机无所不洗

创立于 1984 年的海尔集团,经过多年的持续发展,现已成为享誉海内外的大型国际化企业集团。1984 年海尔只生产单一的电冰箱,而目前海尔拥有家用电器、信息产品、家具集成、工业制造、生物制药和其他 6 条产品线共涵盖 96 大门类,15 100多个规格的产品群。

1996 年,四川成都的一位农民投诉海尔洗衣机排水管老是被堵,服务人员上门维修时发现,这位农民用洗衣机洗地瓜(南方又称红薯),泥土大,当然容易堵塞。服务人员并不推卸责任,而是帮顾客加粗了排水管。顾客感激之余,说如果能有洗红薯的洗衣机,就不用烦劳海尔人了。农民兄弟的一句话,被海尔人记在了心上。海尔为该洗衣机立项,成立课题组,1998 年 4 月投入批量生产。这种洗衣机不仅具有一般双桶洗衣机的全部功能,还可以洗红薯、水果甚至蛤蜊,价格仅为 848 元。首次生产了 1 万台投放农村,立刻被一抢而空。

海尔秉承着“真诚到永远”的理念。海尔的洗衣机不仅可以洗地瓜,还可以打酥油、洗小龙虾。海尔还为顾客推出了专洗少量衣物的“小小神童”。家电全程管家服务人员在一年 365 天为用户提供全天候上门服务。优质的产品和用心的服务为海尔赢得市场、走向世界做出了贡献。

根据市场营销相关理论,试分析该案例:

1.海尔“真诚到永远”的理论属于产品整体概念中的(　　)。

A.核心产品　　B.有形产品　　C.附加产品　　D.期望产品

2.根据案例,海尔企业产品线的宽度为(　　)。

A. 96　　B. 15 100　　C. 6　　D. 2 500

3.海尔旗下所有的产品都是用“海尔”这个品牌,这是(　　)策略。

A.个别品牌　　B.多品牌　　C.系列品牌　　D.统一品牌

4.海尔推出“地瓜机”这款新产品创意的来源是(　　)。

A.消费者　B.企业高管　C.竞争对手　D.销售人员

5.海尔推出“地瓜机”这款新产品属于(　　)。

A.完全创新产品　B.换代新产品　C.改进新产品　D.地域新产品

第六章　定价策略

考纲要点:【分值比例 16%】

1.了解商品的价格构成、了解企业调价的两种情况；

2.掌握影响企业产品定价的因素；

3.掌握六种定价策略，重点掌握新产品定价策略和心理定价策略；

4.掌握三种定价方法，重点掌握成本导向定价的三种方法。

知识脉络

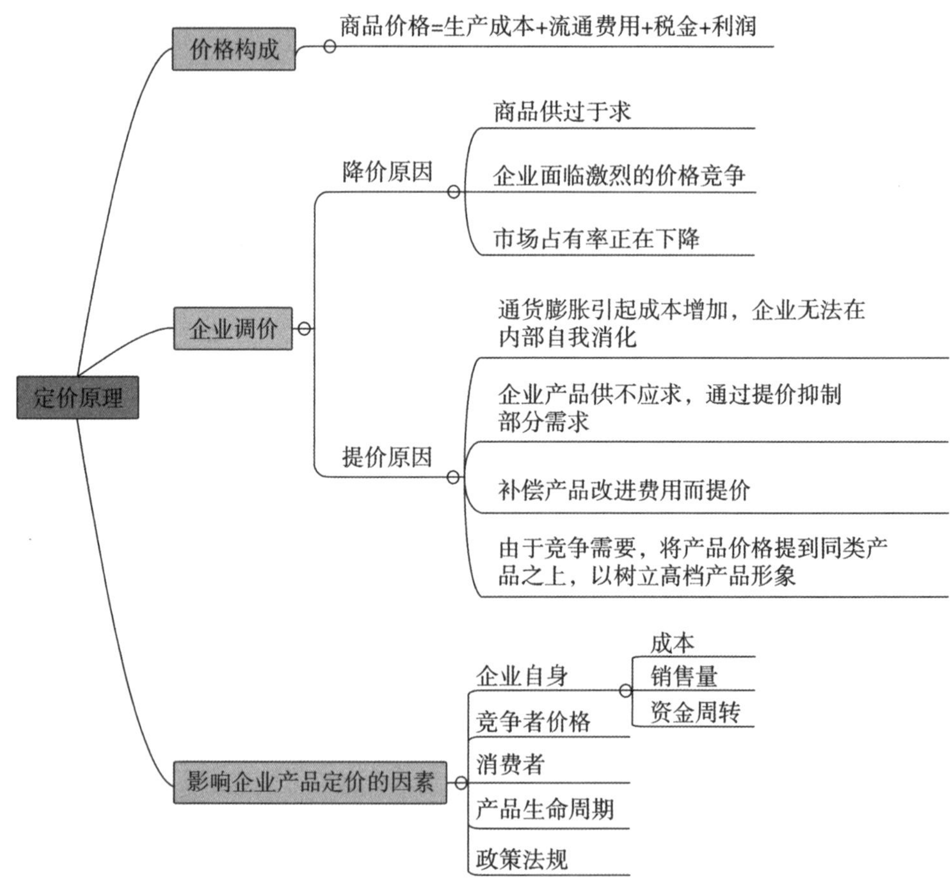

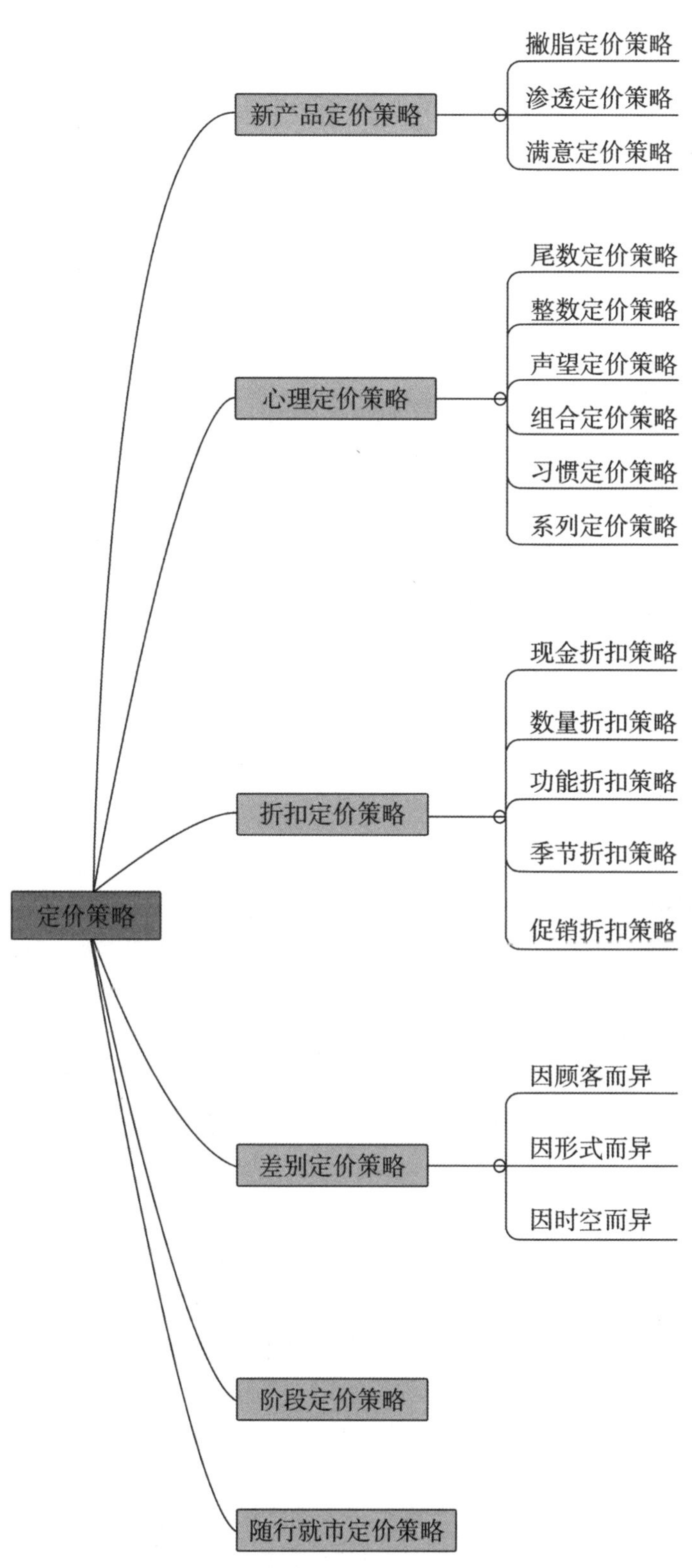

定价策略
新产品定价策略
撇脂定价策略
渗透定价策略
满意定价策略
心理定价策略
尾数定价策略
整数定价策略
声望定价策略
组合定价策略
习惯定价策略
系列定价策略
折扣定价策略
现金折扣策略
数量折扣策略
功能折扣策略
季节折扣策略
促销折扣策略
差别定价策略
因顾客而异
因形式而异
因时空而异
阶段定价策略
随行就市定价策略

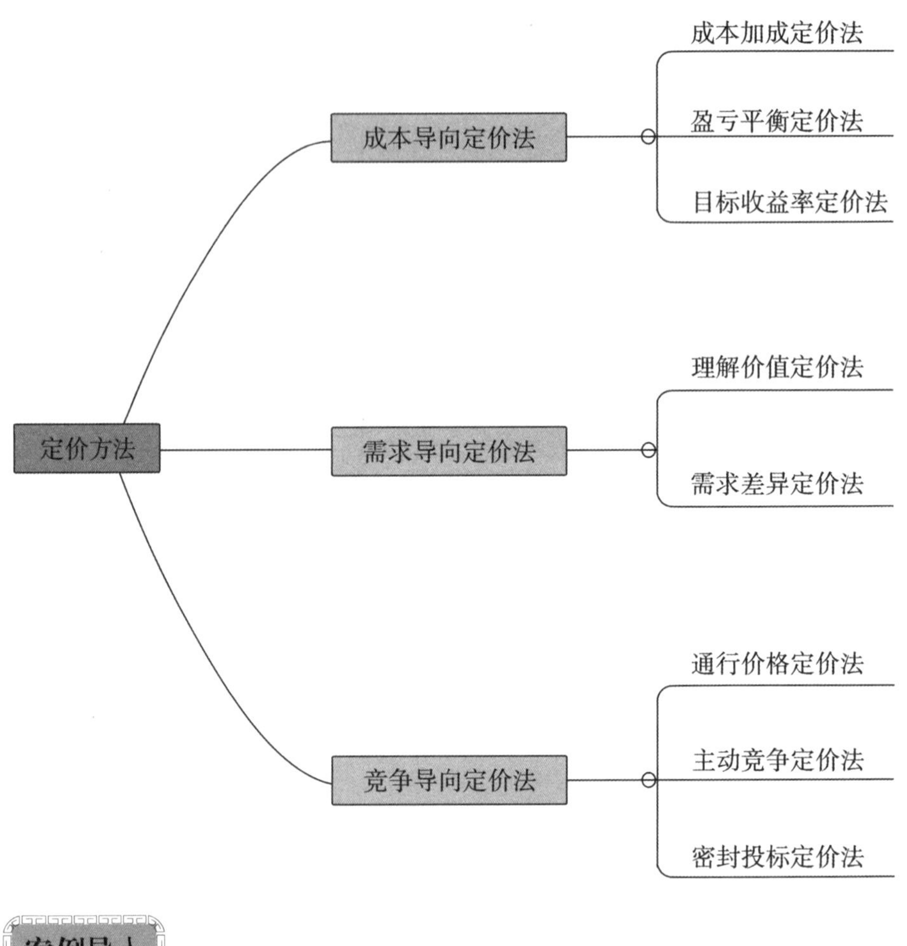

案例导入

“雷克萨斯”的广告是“聪明的用户，同样的性能，一半的价格”。面对“雷克萨斯”的挑战，“奔驰”是应该降价，还是提价，或是保持原价？

定价是艺术，也是一个高风险的“赌博”。定价的原则取决于用户愿意支付的价格和产品的成本。价格是企业向社会发出的信号，也决定了制造该类商品在短期内是否有利可图。

6.1 商品的价格构成

商品的价格构成有四个部分，包括生产成本、流通费用、税金和利润，具体公式如下：

商品价格＝生产成本＋流通费用＋税金＋利润

生产成本是用货币表现的生产产品的各种劳动消耗，是价格构成中最重要的组成部分。

流通费用是商品流通费用，分别发生在商品流通的不同阶段，参与不同环节商品价格的形成。

税金和利润是价格构成中的税金利润，具体分为生产税金、生产利润、商业税金和商业利润。

固定成本包括企业管理费用、销售费用以及车间生产管理人员工资、职工福利费、办公费、固定资产折旧费、修理费等。

变动成本是指那些成本的总发生额在相关范围内随着业务量的变动而呈线性变动的成本。直接人工、直接材料都是典型的变动成本，在一定期间内它们的发生总额随着业务量的增减而成正比例变动，但单位产品的耗费则保持不变。

单位变动成本是指单位商品所包含的变动成本平均分摊额，即总变动成本与销量之比。公式如下：

$$\text{单位变动成本}=\text{单价}-\left[\frac{(\text{总收入}-\text{总支出}+\text{固定成本})}{\text{销售量}}\right]$$

目标利润公式为：

$$\begin{aligned}\text{目标利润}&=\text{总收入}-\text{总支出}\\&=\text{销售量}\times(\text{单价}-\text{单位变动成本})-\text{固定成本}\end{aligned}$$

考核层次：了解

对应考纲要点：第 1 点

考核样题：

(单项选择题)产品价格是由生产成本、(　　)、税金和利润四大要素构成。

A.营销成本　　B.固定成本　　C.变动成本　　D.流通费用

【参考答案】D

【解析】本题主要考查对商品价格概念的理解，流通费用是产品价格四要素之一。因此选 D。

6.2　企业调价

主动调整产品价格主要有两种情况：一是降价，二是提价。

一、降价的原因

(一)企业生产能力过剩

市场供过于求，需要扩大销售，但又无法通过改进产品和增加销售来达到目的，只好考虑降价。

(二)市场份额下降

如当日本小汽车因优势明显大量进入美国市场后,美国通用汽车公司在美国市场的份额明显减少,最后不得不将其超小型汽车在美国西海岸地区降价10%。

(三)为争取市场上的支配地位

企业用较低的价格,增加产品的竞争能力,扩大市场份额,而销售的增加也降低了成本。

二、提价的原因

提价虽然给企业带来了利润,但是也会引起消费者、经销商和推销人员的不满,甚至会丧失竞争优势。下列几种情况下,企业会考虑涨价:

(一)成本膨胀

成本膨胀是一个全球性的问题。材料、燃料、人工费、运费、科研开发费、广告费等不断上涨,导致企业压低了利润的幅度,因而也促使企业要定期地提价,提高的价格往往比成本增加的要多。

(二)供不应求

当企业的产品在市场上不能满足所有消费者的需求时,可能会通过涨价来减少或限制需求量。企业在涨价时,应通过一定的渠道让消费者知道涨价的原因,并听取他们的反馈意见,企业的推销人员应帮助顾客找到经济实用的方法。

(三)竞争者提价等

考核层次:了解

对应考纲要点:第1点

考核样题:

(单项选择题)在竞争者率先调价的情况下,企业被迫采取措施变动价格,这是(　　)。

A.主动降价　　B.主动提价　　C.价格变化　　D.应变调价

【参考答案】D

【解析】本题主要考查对企业调价策略的了解,竞争对手调价后,企业跟随调价,属于应变调价。因此选D。

6.3 影响企业产品定价的因素

一、企业自身因素

1.成本

成本是定价的基础,总成本包括固定成本和变动成本。企业的单位成本是制定价格的下限。

2.销售量

在其他条件不变的情况下，企业的利润取决于价格和销售量。

3.资金周转

任何一家企业，都希望加大资金周转的速度。企业在制定价格时，还应该考虑制定出来的价格是否有利于企业资金周转。

二、竞争者价格

竞争者的价格，是企业定价的重要参考。

三、消费者

企业在制定价格时，要对目标市场的消费者进行分析，制定出让消费者可以接受的价格。

四、产品生命周期

在产品策略章节中，我们已经知道处于不同产品生命周期阶段，企业定价策略也有所不同。

五、政策法规

政府可以通过行政的、法律的、经济的手段对企业定价及社会整体物价水平进行调节和控制。因而，企业在定价时必须考虑政府的政策法规。

考核层次：掌握

对应考纲要点：第 2 点

考核样题：

（多项选择题）下列影响企业产品定价的因素有（　　　）。

A.企业本身　　B.政策法规　　C.产品生命周期

D.消费者　　E.竞争者产品及价格

【参考答案】ABCDE

【解析】本题主要考查影响企业产品定价的因素，从知识点中可知，应选 ABCDE。

6.4 定价策略

一、新产品定价策略

(一)撇脂定价策略(高价定价策略)

撇脂定价策略，又称“取脂定价策略”，是指企业以高价将新产品投入市场，以便在产品市场生命周期的开始阶段取得较大利润，尽快收回成本，然后再逐渐降价的策略。

撇脂定价策略的优点：

(1)高产品身价，树立高质形象，刺激购买；

(2)尽快收回成本，获取最大利润；

(3)掌握调价的主动权，为以后降价留余地。

撇脂定价策略的缺点：

(1)高价令人望而生畏，抑制顾客购买；

(2)吸引竞争者进入，从而加剧竞争。

该定价策略适用于：化妆品、高技术产品、流行的服装鞋帽、特殊品和高档品。

【案例】1995年，国内文具用品市场日趋萧条，某厂成功地研制并生产出新产品“水珠笔”，当时每支成本为0.2元。专家们认为，这种产品在国内市场是第一次出现，奇货可居，尚无竞争者，最好采用新产品的“撇脂定价策略”，利用消费者的求新、求好心理以及要求产品新、奇、高、贵的特点，用高价格来刺激顾客购买。该厂将“水珠笔”以11元的价格卖给零售商，零售商又以每支20元的价格卖给消费者。尽管价格如此昂贵，“水珠笔”却在一时间因新颖、奇特和高贵而风靡全国，在市场上十分畅销。

(二)渗透定价策略(低价定价策略)

渗透定价策略是指企业将新产品的价格定得较低，尽可能地快速打开销路，获得较大的市场占有率，等产品在市场上站稳脚跟后再将价格提高的一种定价策略。

渗透定价策略的优点：

(1)低价易于顾客接受，有利于迅速打开销路，提高市场占有率；

(2)不会吸引竞争者大量进入而诱发恶性竞争，便于长期占领市场。

渗透定价策略的缺点：

(1)投资回报期长；

(2)价格调整空间小；

(3)低价易使消费者产生不信任感。

该定价策略适用于：低档商品、易耗商品、专用性不太强的商品和生活必需品。

(三)满意定价策略(温和定价策略)

满意定价策略是介于撇脂定价策略和渗透定价策略之间的价格策略，所定的价格比撇脂价格低而比渗透价格高，是一种中间价格。这种定价策略因能使生产者和顾客都比较满意而得名，有时又称为“君子价格”或“温和价格”。

满意定价策略的优点：有利于吸引顾客，促进新产品的销售，保证企业取得一定的利润。

满意定价策略的缺点：很难掌握双方都满意的价格水平。

该定价策略通常适用于：价格弹性较小的生活必需品和重要的生产资料。

考核层次：重点掌握

对应考纲要点：第3点

考核样题：

(单项选择题)新产品在上市初期，将价格定得很低，以便迅速打开市场，扩大销量，提高市场占用率的定价策略是(　　)。

A.撇脂定价策略　　B.渗透定价策略

C.满意定价策略　　D.理解价值定价策略

【参考答案】B

【解析】本题主要考查对新产品定价的三种策略的掌握，低价进入市场的是渗透定价策略，因此选B。

二、心理定价策略

(一)尾数定价策略

尾数定价策略是指企业利用顾客数字认知的某种心理定价，以零头数结尾的一种定价策略。通常是以一些吉利的数字结尾。

这种定价策略使价格水平处于较低的档次，给人以便宜、定价精确的感觉，从而满足消费者求廉和求实的心理，激起消费者的购买欲望。

尾数定价策略的目的：让人感觉便宜。

尾数定价策略适用于：日用品或低档商品。

思考：商家为什么把一种毛巾的价格定为2.97元，而不定为3元；将台灯价格定为19.90元，而不定为20元？

一项针对中国的市场调查表明，76%的商品价格是以8、9结尾的，17%的商品价格是以5结尾的，只有2%的商品价格是以0结尾的。一般认为，价格在5元以下的末位数为9最受欢迎；5元以上100元以下的末位数为95效果最佳；100元以上末位数为98、99最为畅销。

(二)整数定价策略

整数定价与尾数定价相反，即按整数而非尾数定价，是指企业把原本应该定价为零数的商品价格改定为高于这个零数价格的整数，一般以“0”作为尾数。

整数定价策略的目的：利用了消费者按质论价的心理、自尊心理与炫耀心理。

整数定价策略适用于：高档优质商品。

(三)声望定价策略

声望定价策略一般适用于在消费者心目中享有一定声望,具有较高信誉的产品,如:豪华轿车、名表、珠宝古董、名人字画等。该定价策略能有效地消除顾客的购买心理障碍,使顾客对商品或零售商形成信任感和安全感,顾客也从中得到荣誉感。

【案例】苹果手机在进入中国市场时,一开始的定价就高于5 000元,且每一代产品的价格都越来越高,这便是一种典型的声望定价。另外,用于正式场合的西装、礼服、领带等商品,和服务对象为企业总裁、著名律师、外交官等职业的消费者,都应该采用声望定价,否则,这些消费者就不会去购买。

(四)组合定价策略

企业通常都开发产品系列,在定价时必须考虑产品系列中各个相关产品间的成本差额和顾客对这些产品的不同外观的评价以及竞争者的价格等。组合定价是指对相关商品按一定的综合毛利率联合定价。

(五)习惯定价策略

习惯定价策略按照消费者的习惯价格进行定价。许多商品尤其是家庭生活日用消费品,在市场上已经形成了一个习惯价格。消费者已经习惯于消费这种商品时只付出这么大的代价,如买一块肥皂、一瓶洗洁精等。对这些商品的定价,一般应依照习惯确定,不要随便改变价格,以免引起顾客的反感,这就是我们所说的习惯性定价。

(六)系列定价策略

系列定价策略是针对消费者比较价格的心理,将同类产品的价格有意识地分档拉开,形成价格系列,使各消费者都能在系列中找到所需的价格。

具体方法是按照每一类商品的不同花色、规格、等级,把商品分成几个档次,每档定一个价格。例如华为手机 Mate40 系列:Mate40 8GB+128GB 售价 4 999 元;Mate40 8GB+256GB 售价5 499元;Mate40 Pro 8GB+128GB 售价6 499元;Mate40 Pro 8GB+256GB 售价6 999元;Mate40 Pro 8GB+512GB 售价7 999元;Mate40 Pro+ 12GB+256GB 售价8 999元;Mate40 RS 保时捷版 8GB+256GB 售价10 999元等。

考核层次:重点掌握

对应考纲要点:第 3 点

考核样题:

(单项选择题)企业利用消费者具有仰慕名牌商品或名店声望所产生的某种心理而制定价格的策略为(　　)策略。

A.尾数定价　　B.招徕定价　　C.声望定价　　D.反向定价

【参考答案】C

【解析】本题主要考查对心理定价六种策略的掌握,利用消费者仰慕名牌商品或名店声望所产生的某种心理而制定价格的策略是声望定价策略,因此选 C。

三、折扣定价策略

企业为了鼓励顾客及早付清货款或大量购买和淡季购买,常常给予顾客一定的价格折扣。折扣定价策略主要有以下五种形式：

（一）现金折扣策略

现金折扣是对及时付清账款的消费者的一种价格折扣。现金折扣的主要目的是改善现金周转情况，减少欠款及坏账损失。

（二）数量折扣策略

数量折扣是指企业对大量购买的顾客给予的一种折扣。一般情况下顾客购买数量越多，企业给予的折扣也就越大。数量折扣又分累计数量折扣与非累计数量折扣两种。

累计数量折扣是指顾客在规定的一定时期内，购买商品达到一定数量或一定金额时，企业按照总量大小分别给予不同的折扣；非累计折扣是指规定顾客一次性购买某种商品达到一定数量或一定金额时，企业给予相应的折扣优惠。

（三）功能折扣策略

功能折扣策略，又称商业折扣或交易折扣，是企业根据各类中间商在市场营销中担负的不同功能所给予的不同折扣。企业采取该策略的目的是扩大再生产，争取更多的利润，或是为了占领更广泛的市场，利用中间商努力推销产品。

功能折扣，随行业与产品的不同而不同。相同的行业与产品，要视中间商承担商业责任的多少而定。如果中间商提供运输、促销、资金融通等服务，对其折扣就较多；否则，折扣将随服务的减少而减少。一般而言，给予批发商的折扣较大，给予零售商的折扣较小。

（四）季节折扣策略

季节折扣是企业向某些购买非时令商品或服务的消费者提供的一种折扣。企业采用季节折扣，可以加快产品流通和资金周转的速度，减少库存费用和时间风险。

（五）促销折扣策略

考核层次：掌握

对应考纲要点：第3点

考核样题：

（单项选择题）制造商在与中间商洽谈商品价格的业务过程中，往往根据中间商在商品流通过程中所处的不同地位而给予不同的价格，这一价格策略是（　　）折扣策略。

A.现金　　B.数量　　C.季节　　D.功能

【参考答案】D

【解析】本题主要考查对折扣定价策略的掌握，根据中间商在商品流通过程中所处的不同地位而给予不同的价格，因此选D。

四、差别定价策略

差别定价策略指企业按照两种或两种以上的差异价格销售某种产品或劳务，包括以下三种情况：

（1）因顾客而异：即针对不同的顾客制定不同的价格。

(2)因形式而异:同一产品,成本相同,但因为形式不同,制定不同的价格。

(3)因时空而异:相同的产品在不同时间、不同地点销售,制定不同的价格。

五、阶段定价策略

阶段定价策略指根据产品在市场生命周期不同阶段的不同特点,制定不同的价格。

六、随行就市定价策略

依据现有的市场行情来制定价格的定价策略就是随行就市定价策略。

6.5 定价方法

一、成本导向定价法

(一)成本加成定价法

1.定义

成本加成定价法就是在单位产品成本的基础上加上按照单位产品成本的一定比例所确定的利润作为产品的价格的一种定价方法。

2.计算公式

单位产品价格=单位产品成本×(1+成本加成率)

3.应用举例

某电视机厂生产 2 000 台彩色电视机,总固定成本 600 万元,每台彩色电视机的变动成本为 1 000 元,确定目标利润率为 25%。请用成本加成定价法确定价格。

解析:

单位产品固定成本=6 000 000/2 000=3 000(元);

单位产品变动成本 1 000 元;

单位产品总成本 4 000 元;

$P=\mathrm{AC}(1+R)=4\,000\times(1+25\%)=5\,000$(元)。

考核层次:重点掌握

对应考纲要点:第 4 点

考核样题:

(计算题)假设某企业预期的产品销售量为 100 万件,生产这一产量的总成本为 800 万元,该企业希望利润为成本的 15%,请问该企业应将其产品的价格定为多少?

【解析】产品价格$=\frac{总成本\times(1+目标利润率)}{销售量}$

$$=\frac{8\ 000\ 000\times(1+15\%)}{1\ 000\ 000}=9.2(元)$$

则产品定价为9.2元/件。

(二)盈亏平衡定价法

1.定义

盈亏平衡定价法是利用盈亏平衡分析法来制定产品价格。使用这种分析方法时，需要将产品的总成本划分为固定成本与变动成本，并假定生产的产品都能销售出去，即产品的产量与销量相等，盈亏平衡利润为零。

2.计算公式

按实物单位计算：

$$盈亏平衡点=\frac{固定成本}{单位产品销售收入-单位产品变动成本}$$

按金额计算：

$$盈亏平衡点=\frac{固定成本}{1-\frac{变动成本}{销售收入}}$$

公式推导过程：

一般说来，

$$销售额=固定成本+变动成本+利润$$

如果利润为零，则：

$$销售额=成本=固定成本+变动成本 \quad ①$$

$$销售额=销售量\times价格 \quad ②$$

$$变动成本=单位变动成本\times销售量 \quad ③$$

由①②③可得：

$$销售量\times价格=固定成本+单位变动成本\times销售量 \quad ④$$

由④可以推导出盈亏平衡点的计算公式为：

$$盈亏平衡点销售量=\frac{固定成本}{价格-单位变动成本}$$

考核层次：重点掌握

对应考纲要点：第4点

考核样题：

(计算题)某企业生产某种产品，销售价格为每台400元，2018年销售量为50 000台，固定费用为720万元，变动费用为1 100万元。如果年销售量为55 000台，试计算盈亏平衡点产量。

【解析】该产品的单位变动成本:11 000 000/50 000=220(元/台)

盈亏平衡点产量:(400-220)×Q-7 200 000=0Q,则 Q=40 000 台

则该企业盈亏平衡点产量为 4 万台。

(三)目标收益率定价法

1.定义

目标收益率定价法是根据企业总成本和总产量,加上目标利润来确定产品价格的方法。

2.计算公式

$$\text{单位产品售价}=\frac{\text{总成本}+\text{目标利润}}{\text{计划总产量}}$$

考核层次:重点掌握

对应考纲要点:第 4 点

考核样题:

(计算题)东风皮件厂年生产沙发皮垫 80 万个,完成这一产量的总成本投入为1 000 万元,该厂预期实现 20%的总成本利润率,即 200 万元。请问该厂皮垫单位售价定多少才能实现这一目标?

【解析】单位产品销售价格$=\frac{\text{总成本}+\text{目标利润}}{\text{计划总产量}}$

$=(1\ 000+200)/80$

$=15(\text{元})$

则该厂皮垫单位售价定 15 元才能实现 20%的总成本利润率这一目标。

二、需求导向定价法

需求导向定价法中包含理解价值定价法和需求差异定价法。

三、竞争导向定价法

竞争导向定价法中包含通行价格定价法、主动竞争定价法和密封投标定价法。

同步练习

一、单项选择题(本大题共 20 小题,在每小题给出的四个选项中,只有一项符合题目要求)

1.在企业定价策略中,撇脂定价和渗透定价属于(　　)。

A.心理定价策略　　B.新产品定价策略

C.折扣定价策略　　D.系列定价策略

2.企业新产品定价策略中有撇脂定价策略、渗透定价策略和(　　)。

A.心理定价策略　　B.满意定价策略

C.折扣定价策略　　D.系列定价策略

3.新产品在上市初期,将价格定得很低,以便迅速打开市场,扩大销量,提高市场占用率的定价策略是(　　)。

A.撇脂定价策略　　B.渗透定价策略

C.满意定价策略　　D.理解价值定价策略

4.新产品在投入市场时,将价格定得很高,以便在短期内获得更多的利润的新产品定价策略是(　　)。

A.满意定价策略　　B.渗透定价策略

C.撇脂定价策略　　D.理解价值定价策略

5.将新产品价格定在既让顾客满意,企业又能获得适当利润的一种比较合理的水平,即介于撇脂定价策略和渗透定价策略之间的一种新产品定价策略是(　　)。

A.满意定价策略　　B.渗透定价策略

C.撇脂定价策略　　D.理解价值定价策略

6.新产品定价策略有(　　)。

A.满意定价策略、理解价值定价策略、随行就市定价策略

B.撇脂定价策略、渗透定价策略、满意定价策略

C.撇脂定价策略、渗透定价策略、随行就市定价策略

D.理解价值定价策略、渗透定价策略、满意定价策略

7.产品价格是由生产成本、(　　)、税金和利润四大要素构成。

A.营销成本　　B.固定成本

C.变动成本　　D.流通费用

8.为鼓励顾客购买更多产品,企业给那些大量购买产品的顾客的一种减价称为(　　)。

A.功能折扣　　B.数量折扣

C.季节折扣　　D.现金折扣

9.企业利用消费者具有仰慕名牌商品或名店声望所产生的某种心理而制定价格的策略为(　　)。

A.尾数定价　　B.招徕定价

C.声望定价　　D.反向定价

10.产品价格是由生产成本、流通费用、税金和(　　)四大要素构成。

A.利润　　B.物流成本

C.变动成本　　D.固定成本

11.某水果市场,苹果标价 8 元一公斤,如果购买十公斤以上则是 7 元一公斤,这是(　　)。

A.现金折扣　　B.数量折扣

C.交易折扣　　D.季节折扣

12.在竞争者率先调价的情况下,企业被迫采取举措变动价格,这是(　　)。

A.主动降价　　B.主动提价　　C.价格变化　　D.应变调价

13.我国著名的服装设计师李艳萍设计的女士服装,以典雅、高贵而享誉中外,其中"李艳萍"牌中式旗袍在名声、款式及做工用料上都非常精良,其一件旗袍售价在国际市场上高达1万元。这种定价策略属于(　　)。

A.声望定价　　B.心理定价

C.招徕定价　　D.需求导向定价

14.企业对按预定日期付款或现金购买的顾客给予的折扣称为(　　)。

A.现金折扣　　B.数量折扣

C.功能折扣　　D.季节性折扣

15.超市经常会推出一些低于成本价格出售的商品,以带动其他产品的销售,这种定价方法是(　　)。

A.声望定价　　B.低价策略(招徕定价策略)

C.产品群定价　　D.交易折扣

16.市场中的名牌商品价格一般均高于其他同类商品的价格,这是一种(　　)策略。

A.声望定价　　B.整数定价

D.撇脂定价　　C.习惯定价

17.在企业定价方法中,目标定价法属于(　　)。

A.成本导向定价法　　B.需求导向定价法

C.竞争导向定价法　　D市场导向定价法

18.顾客购买某种商品1 000单位以下,其单价为10元,购买1 000单位以上,单价为9元,这种折扣属于(　　)。

A.现金折扣　　B.数量折扣

C.业务折扣　　D.季节折扣

19.某汽车制造商给全国各地的地区销售代理商一种额外折扣,以促使它们执行销售、零配件供应、维修和信息提供"四位一体"的功能。这种折扣策略属于(　　)。

A.现金折扣　　B.数量折扣

C.交易折扣　　D.功能折扣

20.下列选项中(　　)最好不要采用声望定价。

A.珠宝首饰　　B.手工织品

C.柴米油盐　　D.时装

二、多项选择题(本大题共5小题,在每小题给出的选项中,有两个或两个以上选项符合题目要求。多选、错选、漏选均不得分)

1.顾客购买某种商品2 000件以下,单价为15元,购买2 000件以上,单价为12元,对这种折扣描述错误的是(　　　)。

A.现金折扣　　B.数量折扣

C.业务折扣　　D.季节折扣

2.以下属于心理定价策略的有(　　　)。

A.尾数定价　　B.整数定价
C.声望定价　　D.习惯定价
E.组合定价　　F.系列定价

3.企业制定的产品价格经常需要进行调整,主要有以下哪两种情况?(　　)
A.主动调价　　B.主动降价
C.主动提价　　D.应变调价

4.以下属于企业主动降价的原因有(　　)。
A.市场竞争激烈　　B.产品供不应求
C.产品供大于求　　D.通货膨胀
E.企业产品成本比竞争者低,通过降价提高市场占有率

5.价格折扣主要有(　　)等类型。
A.现金折扣　　B.数量折扣
C.功能折扣　　D.季节折扣
E.促销让价(推广折扣)

三、判断题(本大题共20小题。正确的选A,错误的选B)

1.随行就市定价法属于成本导向定价,是指随着市场成本的变化进行定价的策略。(　　)
A.正确　　B.错误

2.竞争导向定价法包括随行就市定价法和需求差异定价法。(　　)
A.正确　　B.错误

3.差别定价策略是指企业按照两种或两种以上的差异价格销售某种产品或劳务。(　　)
A.正确　　B.错误

4.折扣定价策略是指销售随销售数量的增加必定进行降价处理。(　　)
A.正确　　B.错误

5.现金折扣的目的在于鼓励顾客按期或提前支付欠款。(　　)
A.正确　　B.错误

6.声望定价策略的条件是企业和商品声誉较高,消费者存在求名心理。(　　)
A.正确　　B.错误

7.习惯定价策略通常适用于高级的奢侈商品。(　　)
A.正确　　B.错误

8.尾数定价策略就是要使购买者感到产品价格低廉和企业对定价工作的认真。(　　)
A.正确　　B.错误

9.对于消费者不太了解的产品,一般可采用整数定价,以显示产品具有一定的质量和档次。(　　)
A.正确　　B.错误

10.数量折扣作为一种定价策略,不仅是为了鼓励顾客大量购买,而且是为了争取顾

客再次购买。( )

A.正确 B.错误

11.世界著名品牌的定价往往采用的是竞争导向的定价方法。( )

A.正确 B.错误

12.从本质上说,成本导向定价法是一种卖方定价导向,其优点是充分考虑了市场需求与成本的变化,制定的价格比较合理。( )

A.正确 B.错误

13.生产成本是价格构成中最重要的组成部分。( )

A.正确 B.错误

14.目标收益定价法由于能够保证企业投资的回收和目标收益的获得,所以适用于各类企业产品的定价。( )

A.正确 B.错误

15.对于烟酒等产品,企业可采用"薄利多销"的定价策略。( )

A.正确 B.错误

16.主动调价是指企业在生产经营过程中,由于市场环境和企业内部条件的变化,企业主动实施降价。( )

A.正确 B.错误

17.以获取当前最高利润为定价目标的侧重点是短期内的最高利润。( )

A.正确 B.错误

18.需求导向定价法包括理解价值定价法和需求差异定价法。( )

A.正确 B.错误

19.盈亏平衡定价法的关键是要正确预测市场销售量。( )

A.正确 B.错误

20.在产品组合定价策略中,一般地,制造商对消费者购买次数少且对价格敏感的产品制定较低的价格,相反,则制定较高的价格。( )

A.正确 B.错误

四、案例选择题(本大题共5小题。在每小题给出的四个选项中,只有一项符合题目要求)

派克公司

派克公司生产的钢笔在全球一直享有盛誉。公司在20世纪40年代至50年代正处于发展的高峰期。然而,在此期间,匈牙利人拜罗兄弟发明了圆珠笔,一举打破了派克公司一统市场的局面。圆珠笔造价低廉,使用方便,一问世就深受广大消费者的欢迎。派克公司在竞争中显得被动无力,不仅身价一落千丈,销售额骤减,而且几乎濒临破产。该公司欧洲高级主管马科利认为,派克公司在这场市场争夺战中的致命错误,是没有以己之长,攻人之短,而是拿自己之短与别人之长相争。鉴于此,马科利下定决心要扭转公司的局面。他筹集巨资,买下了派克公司,接着立即着手重塑派克钢笔形象。派克公司生产的笔历来讲究做工,品质优良,这正是其长处,显然不能拿这种高品质的笔去同廉价的圆珠笔在普通消费者市场上一比高低。因而新的派克公司着意突出其钢笔高雅、精美和耐用的特点，从一般大众化的实用品市场上抽身出来，竭力宣传其作为高社会地位的象征的特点。确立了战略思想后，派克公司采取了两项重要战术措施；一方面，削减派克钢笔的产量，并将原来的销售价提高 30%；另一方面，增加广告预算，加强宣传以提高派克钢笔作为社会地位象征物品的知名度。凭借上述措施，派克笔终于在竞争中站稳了脚跟，并以华贵、精美为特征，稳占世界高档笔市场。

根据市场营销相关理论，试分析该案例：

1.派克公司一度濒临破产的原因是(　　)。

A.派克笔价值昂贵　　B.派克笔不实用

C.派克笔使用不方便　　D.受圆珠笔的冲击

2.派克公司的战略思想体现了(　　)。

A.产品的整体概念　　B.营销组合的合理化

C.市场调研的科学性　　D.市场定位的合理性

3.派克公司的定价策略是(　　)。

A.撇油价格策略　　B.声望价格策略

C.理解价值定价策略　　D.差别价格策略

4.派克公司的市场细分标准依据的是(　　)。

A.心理变数　　B.人口统计变数

C.地理变数　　D.行为变数

5.派克笔与圆珠笔竞争的成功说明，企业要贯彻现代市场营销观念，必须(　　)。

A.以顾客为导向　　B.不断创新

C.做到扬长避短　　D.重视社会效益

第七章　分销渠道

考纲要点:【分值比例 12%】

1.了解分销渠道基本类型、中间商的类型;

2.理解分销渠道的概念;

3.掌握影响分销渠道选择的因素并进行应用。

知识脉络

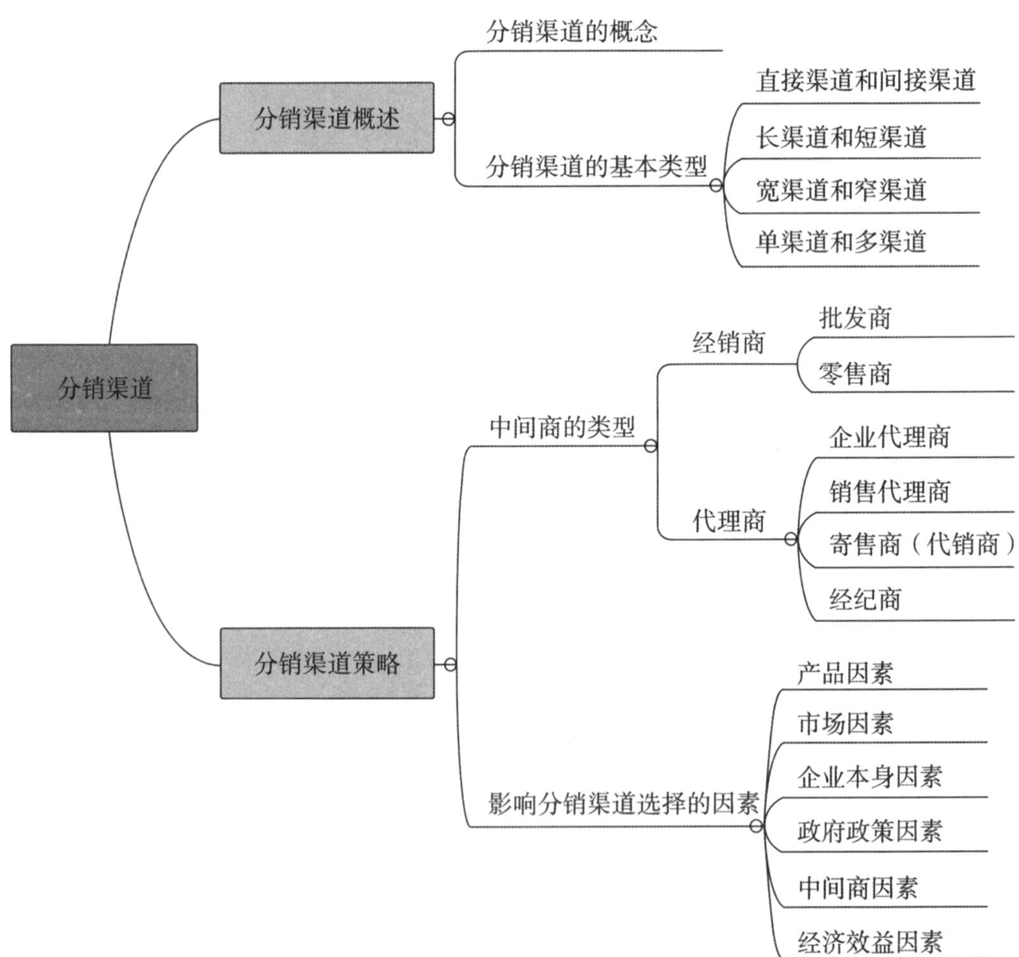

海澜之家的创新渠道模式

江阴海澜之家服饰有限公司于2002年9月推出一种全新营销模式——全国连锁经营、统一形象、超大规模的男装自选购买模式，引发了中国男装市场的新一轮革命。自由自在的选购方式，丰富多样的产品陈列，迅速赢得了广大消费者的青睐，海澜之家因此被称为"男人的衣柜"。

"海澜之家"从诞生之日起就已经超越了传统服装品牌的内涵，它是一个营销品牌、服务品牌、连锁零售品牌。它的成功很大程度上得益于它的创新渠道模式。

连锁零售品牌——渠道建设既"连"又"锁"，保质保量。为解决许多服装连锁品牌存在的"连"而不"锁"（只是"连"形象，价格、服务、管理"锁"不住）的弊端，海澜之家在营销渠道的建设方面采取的是托管式连锁加盟方式：由单个的加盟商投资加盟，加盟商只管按照要求投入资金（包括保证金和租金），店铺的经营则完全由海澜之家的专业团队来负责，实行全国统一连锁经营管理，真正做到了既"连"又"锁"，"连"住了品牌、形象、产品、服务，也"锁"住了管理，使每一家门店都能按照公司的标准化模式经营。作为回报，加盟商按照投入资金的多少获得收益，无须承担库存的压力。海澜之家依靠这种模式吸引了大量的加盟商参与。对于海澜之家而言，一方面，通过托管，公司强化了对于专卖店的掌控力；另一方面，公司又获取了加盟商投入的大量资金（相当于变相融资），从而实现快速开店。

在门店的拓展上，海澜之家将"黄金地段，钻石店铺"作为选址"八字真经"。"黄金地段"即位于城市的主商圈，是当地人气最旺、销售最好、层次最高、品牌店云集、有大型百货商场和各种商业设施的商业中心；"钻石店铺"即在"黄金地段"上客流最集中、环境最优的一楼，沿街独立门面。海澜之家黄蓝色彩结合的CI标志形象明快亮丽，尤其在夜晚灯光下效果特别好，为所在商业街营造出浓厚的商业氛围。因此，海澜之家已经和麦当劳、肯德基一样成为许多地方为提升当地商业步行街档次而引进的首选品牌之一，海澜之家门店成为许多城市的商业亮点。

7.1　分销渠道概述

7.1.1　分销渠道的概念

分销渠道是指产品从生产者转移到消费者手里所经过的通道，也可以理解为产品从生产领域向消费领域转移过程中的所有参与者，即各种机构和个人。分销渠道的起点是生产者，终点是消费者，除此以外还包括批发商、零售商和代理商。

分销渠道中存在着物质或非物质形态运动的“流”，它们是：商流、物流、货币流、信息流和促销流。

考核层次：理解

对应考纲要点：第 2 点

考核样题：

(判断题)分销渠道是指某种货物和劳务从生产者向消费者移动时取得这种货物和劳务的所有权或帮助转移其所有权的所有企业和个人。(　　)

A.正确　　　　　　B.错误

【参考答案】A

【解析】本题主要考查对分销渠道概念的理解。分销渠道是产品从生产领域向消费领域转移过程中的所有参与者，它们中有的拥有产品的所有权(如批发商和零售商)，有的不拥有产品的所有权而只帮助转移所有权(如代理商)。因此选 A。

7.1.2　分销渠道的基本类型

(1)按商品在销售过程中是否经过中间环节来划分，可以把分销渠道划分为直接渠道和间接渠道。

①直接渠道是指生产企业不通过中间商环节，直接将产品销售给消费者。直接渠道是工业品分销的主要渠道类型，如大型设备、专用工具以及技术复杂需要提供专门服务的产品等。消费品中也有部分产品采用直接渠道，如生鲜等。

②间接渠道是指生产者通过中间商环节把产品传送到消费者手中。间接渠道是消费品分销的主要渠道类型。

(2)按商品在流通过程中经过流通环节或层次的多少来划分，可以把分销渠道划分为长渠道和短渠道。

分销渠道的长短具体包括以下四层：

◇零级渠道：生产者→消费者；

◇一级渠道：生产者→零售商→消费者；

◇二级渠道：生产者→批发商(代理商)→零售商→消费者；

◇三级渠道：生产者→代理商→批发商→零售商→消费者。

①长渠道是指产品在从生产者流向消费者或最终用户的过程中，所经过的环节和层次多(达到两个或两个以上)，如：生产者→批发商→零售商→消费者。

②短渠道是指产品在从生产者流向消费者或最终用户的过程中，所经过的环节和层次少(零个或一个)，如生产者→消费者。

(3)按商品在流通过程中同一层次所使用同类型中间商的数量来划分，可以把分销渠道划分为宽渠道和窄渠道。

①宽渠道是指生产者通过较多的同类型中间商将产品转卖到消费者手中，分销面广泛。如一般的日用消费品(牙膏、纸巾等)通过多个超市、小卖部、便利店等零售企业将产

品销售给消费者。

②窄渠道是指生产者通过较少的同类型中间商分销其产品，分销面狭窄。窄渠道一般适用于专业性较强或价格昂贵的产品，如宾利汽车。

(4)按生产者所使用渠道的复杂程度，可以把分销渠道划分为单渠道和多渠道。

①单渠道是指企业全部产品都由自己直接设立的销售网点销售，或全部交给批发商经销。

②多渠道是指直接渠道和间接渠道相结合，或者长渠道和短渠道相结合、宽渠道和窄渠道相结合。比如某企业可能在本地区采用直接渠道，在外地则采用间接渠道；或者在有些地区独家经销，在另一些地区则多家分销。

考核层次：了解

对应考纲要点：第 1 点

考核样题：

(单项选择题)美的系列产品在各大商场同时销售，则其分销渠道的类型为(　　)。

A.宽渠道　　B.窄渠道　　C.长渠道　　D.短渠道

【参考答案】A

【解析】本题主要考查对分销渠道基本类型的了解。美的系列产品在各大商场同时销售，这属于在零售这一环节中使用较多的同类型中间商，分销面较广，这是宽渠道。因此选 A。

7.2　分销渠道策略

7.2.1　中间商类型

中间商是处于生产者和消费者之间，参与商品交换、促进买卖行为发生和实现的具有法人资格的经济组织和个人，包括批发商、零售商和代理商。其中，批发商和零售商是购进商品后再转售，在分销过程中拥有产品的所有权；而代理商不购进商品，对商品不拥有所有权。

中间商介入商品的交换，可以大大简化流通过程，降低流通费用，提高流通效率，同时也具有集中商品、平衡供求、扩散商品的作用。中间商还可以帮助企业集中精力在生产上，同时也方便顾客购买产品。

按照是否拥有商品所有权，可将中间商划分为经销商和代理商。

1.经销商

经销商是指从事商品流通业务并拥有商品所有权的中间商，它又可以分为批发商和零售商。

(1)批发商。批发商是指在商品流通过程中不直接服务广大消费者，而是通过转卖实现商品在时间和空间上转移的中间商。按照不同标准，批发商可以分为以下几种类型：

①按照经营业务内容，可以把批发商划分为专业批发商、综合批发商和批发市场；

②按照经营商品种类，可以把批发商划分为农副产品批发商和工业品批发商等；

③按照经营业务性质，可以把批发商划分为自营性批发商和代营性批发商。

(2)零售商。零售商是指面向广大消费者，直接为消费者服务的组织和个人。零售商根据其经营特征可以分为以下几种类型：

①专业店。专门经营某一类商品或具有连带性的几类商品，如钟表店、眼镜店等。

②百货店。大型零售商店，分门别类地销售品种繁多的商品。

③超级市场。顾客自取自选，自我服务，定量包装，预先标价，出门时一次付款。

④购物中心。多种零售店铺、服务设施集中在由企业有计划开发、管理、运营的一个建筑物内或一个区域内，向消费者提供综合性服务的商业综合体。

⑤连锁店。众多小规模、分散的、经营同类商品和服务的同一品牌零售店在总部的组织领导下通过规范化经营实现规模经济效益的联合。

此外，还有食杂店、便利店、折扣店、仓储会员店、专卖店、家居建材商店、厂家直销中心等有店铺的零售，以及一些无店铺的零售商，如电视购物、邮购、网上商店、自动售货亭、电话购物等。

2.代理商

代理商是指接受生产者委托，从事销售业务，但不拥有商品所有权的中间商。代理商按其与生产者业务联系的特点，可分为以下几种类型：

(1)企业代理商。它是指受生产者委托，签订销货协议，在一定区域内负责代销生产企业制造的产品的中间商。生产企业按照销售额的一定比例，付给其佣金作为报酬。

(2)销售代理商。它是指受生产者委托全权代销生产者全部产品的独立中间商。销售代理商替委托人代销全部产品，而且不限定在一定的地区内代销，在规定销售价格和其他销售条件方面有较大的权利。它实际上是委托人的独家全权代理商。销售代理商也实行佣金制。

(3)寄售商(代销商)。它是指受生产者委托进行现货的代销业务。生产者根据协议向寄售商交付产品，销售后所得的货款扣除佣金及有关销售费用后，再支付给生产者。

(4)经纪商。它是独立的企业或个人，既无商品所有权，又无现货，只为买卖双方提供价格、产品及一般市场信息，为买卖双方洽谈销售业务起媒介作用，佣金比例较低。

考核层次：了解

对应考纲要点：第1点

考核样题：

(多项选择题)以下哪些中间商不拥有商品的所有权？(　　)

A.专业批发商　　B.超级市场　　C.销售代理商　　D.经纪商

【参考答案】CD

【解析】本题主要考查对中间商类型的了解。不拥有商品所有权的是代理商，包括企业代理商、销售代理商、寄售商和经纪商（经纪人），因此选 CD。专业批发商和超级市场分别属于批发商和零售商的范畴。

7.2.2　影响分销渠道选择的因素

1.产品因素

（1）单位产品价值。一般情况下，单位产品价值与分销渠道的宽窄、长短成反比例关系，即单位产品价值越低，分销渠道越长、越宽；反之，则越短、越窄。

（2）产品的体积或重量。体大笨重的产品应尽可能选择短而窄的渠道。

（3）产品的时尚性。式样多变、时尚感强的产品应尽量选择短、宽渠道。

（4）产品的易损易腐性。鲜活易腐类产品应尽量采用短、宽渠道。

（5）产品的技术性与服务要求。技术水平较高且须提供特殊的技术服务的产品，如大型机电设备等，企业应选择短、窄渠道。

（6）产品市场生命周期。新产品试销时，企业应选择短而窄的分销渠道。当新产品进入成长期和成熟期后，销量增加，市场范围扩大，竞争加剧，企业应选择长、宽的分销渠道。产品进入衰退期后，通常采用缩减分销渠道的策略以减少损失。

2.市场因素

（1）市场大小。市场范围较大的商品，如日用消费品，企业可以采用较宽、较长的分销渠道；市场范围较小的商品，如专用机器设备，可采用较短、较窄的渠道。

（2）消费者的分布。某些商品的消费者分布比较集中，如生产资料，可采用直接渠道；反之，适合采用间接渠道。

（3）市场的季节性。季节性较强的商品可以采用短、宽渠道，以抓住时机，扩大销售。

（4）消费者的购买习惯。如果消费者是喜欢方便、快捷购买商品的，应采用较宽、较长的渠道；如果消费者是喜欢到企业开设的商店购买商品的，则可以采用直接销售。

（5）购买批量的大小。消费者一次性购买数量较大、购买批次少的，可采用直接渠道；一次性购买量小、购买批次多的，可采用间接渠道。

（6）市场竞争。如果产品具有较强的竞争力，可以选择与同类产品相同的分销渠道；如果产品在同类产品中不具竞争力，最好另辟蹊径。

3.企业本身因素

（1）企业的声誉和资金。声誉高、资金雄厚的大企业，可进行直接销售；反之，则通过中间商来销售。

（2）企业的管理能力与经验。管理水平较高、销售能力较强、销售经验较丰富的企业，可采取直接销售；反之，则必须借助中间商，选择间接分销渠道。

（3）企业控制分销渠道的要求。如果企业必须加强对分销渠道的控制，如控制商品的零售价格水平、保证商品的新鲜度、体现商品的时尚性等，则应尽可能采用短渠道。

（4）企业为中间商提供服务的能力。企业如果能为中间商提供广告、展览、维修、培训等服务，服务水平较高，中间商乐于销售该产品，企业便可以选择间接分销渠道；反之，企业服务能力弱，就只能自行销售。

(5)企业的发货限额。企业为了合理安排生产，会对某些产品规定发货限额。发货限额高，有利于直接销售；发货限额低，则有利于间接销售。

4.政府政策因素

政府有关法规，如专卖制度、反垄断法、进出口规定、税法等，都会影响企业对分销渠道的选择。

5.中间商因素

中间商的实力以及在诸如广告、运输、储存、信用、训练人员、送货频率等方面的不同特点，也会影响企业对分销渠道的选择。面对不同的中间商，企业一般可采取密集分销、选择分销、独家分销三种策略。

(1)密集分销策略。密集分销策略是指生产商广泛利用大量的中间商经销自己的产品，也称为“广泛分销策略”。

(2)选择分销策略。选择分销策略是指生产企业在特定的市场选择一部分中间商来销售本企业的产品。

(3)独家分销策略。独家分销策略是指生产企业在一定地区、一定时间只选择一家中间商来销售自己的产品。

6.经济效益因素

企业在选择分销渠道时，也应该注重经济效益因素，即在选择直接销售还是借助中间商时，要比较二者的销售费用、销售利润等。

考核层次：掌握

对应考纲要点：第 3 点

考核样题：

(单项选择题)如果产品容易腐烂变质(如生鲜)，应尽量采用(　　)分销渠道，以保证产品的使用价值。

A.长　　B.短　　C.快　　D.慢

【参考答案】B

【解析】本题主要考查对影响分销渠道选择的因素这一考点的掌握。产品因素会影响企业对分销渠道的选择，如果产品容易腐烂变质，则应采用短渠道，使其尽快到达消费者手中，保证产品的新鲜品质。因此选 B。

同步练习

一、单项选择题(本大题共20小题,在每小题给出的四个选项中,只有一项符合题目要求)

1.“生产者—批发商—零售商—消费者”这一渠道称为(　　)。

A.一级渠道　　B.二级渠道　　C.三级渠道　　D.四级渠道

2.渠道长度是指产品从生产领域流转到消费领域过程中所经过的(　　)的数量。

A.渠道类型　　B.同类型中间商　　C.不同类型中间商　　D.储运服务商

3.出口商在国际市场上给予客商或代理商在一定时期内独家销售特定商品的权力,这种渠道策略称为(　　)。

A.窄渠道策略　　B.宽渠道策略　　C.长渠道策略　　D.短渠道策略

4.消费者的购买习惯及购买批量的大小会影响渠道的设计,这一影响因素属于(　　)。

A.经济效益因素　　B.产品因素　　C.企业本身因素　　D.市场因素

5.对于直接销售渠道而言,(　　)的说法是错误的。

A.生产者同消费者直接接触　　B.产销之间没有任何中间环节

C.可使商品快速同用户见面　　D.不便于为消费者提供特殊服务

6.巴黎高档时装,适合采用的分销渠道是(　　)。

A.短而窄　　B.短而宽　　C.长而窄　　D.长而宽

7.下列商品不宜采用直接销售渠道的是(　　)。

A.体大笨重的商品　　B.市场范围大、消费者分散的商品

C.时尚感较强的商品　　D.专业性强、技术含量高的商品

8.对于刚刚投放市场的新产品,生产企业可以自己组织推销队伍并制定恰当的销售策略,即采用(　　)。

A.宽渠道　　B.窄渠道　　C.长渠道　　D.短渠道

9.根据分销渠道的每个环节使用同类型中间商数目的多少,可将分销渠道划分为(　　)。

A.直接渠道与间接渠道　　B.长渠道与短渠道

C.宽渠道与窄渠道　　D.单渠道与多渠道

10.分销渠道的组成除了制造商和中间商以外,还有(　　)。

A.供应商　　B.顾客　　C.零售商　　D.批发商

11.既无商品所有权又无现货,只在双方交易洽谈中起媒介作用的是(　　)。

A.经销商　　B.代理商　　C.经纪人　　D.批发商

12.长渠道和短渠道的划分标准是按照商品在销售过程中(　　)来划分的。

A.经过流通环节或层次的多少　　B.是否经过中间环节

C.同一层次中间商数量的多少　　D.商品用途的不同

13.下列适合选择窄渠道销售的是(　　)。

A.荣元牌面粉

B.市场范围广、购买者众多的产品

C.用户专业化或数量有限的产品或服务

D.格力空调

14.在商品分销过程中,下列说法不正确的是(　　)。

A.经过环节或层次越多,分销渠道越长

B.一层渠道就是直接渠道

C.随着渠道层次的增加,将大大提高生产者控制分销过程获取市场信息的难度,并可能导致流通加价过高

D.渠道长度决策的关键点是选择适合自身特点的渠道类型,权衡利弊得失,尽力提高经营的效率和效益

15.(　　)对其经营的商品没有所有权。

A.经纪人和代理商　　B.批发商

C.制造商销售办事处　　D.零售商

16.格力集团在北京地区拥有1 200多家一级经销商,格力在北京地区的渠道属于(　　)。

A.宽渠道　　B.窄渠道　　C.一级渠道　　D.直接渠道

17.制造商在某一地区通过选择5家实力雄厚的中间商分销其产品,这种分销策略属于(　　)。

A.广泛分销　　B.选择分销　　C.独家分销　　D.区域分销

18.不属于直接分销渠道模式的是(　　)。

A.有些制造商采取邮购方式,将其产品直接销售给最终消费者

B.制造商通过电视电话将其产品直接销售给最终消费者

C.农民在自己的农场门口开设门市部,或者在城市市场上摆货摊

D.某制造商通过自己的直接代理商将产品销售给最终用户

19.消费品中的便利品(饮料、牙膏、洗衣粉、报纸、电话卡等)、工业品中的一般原材料(小五金、小工具等),以及不宜长期存放的商品(鲜花、水果、肉制品)更适合(　　)。

A.独家分销　　B.普遍分销　　C.选择分销　　D.合作分销

20.关于分销渠道的选择,下列说法正确的是(　　)。

A.企业本身资金雄厚,可相对自由地选择分销渠道

B.生产企业规定的发货限额高时,有利于间接销售

C.经济萧条时,应尽量增加流通环节,延长销售渠道

D.从微观环境看,企业大多使用与竞争对手相同的分销渠道

二、多项选择题(本大题共5小题,在每小题给出的四个选项中,有两个或两个以上选项符合题目要求。多选、错选、漏选均不得分)

1.分销渠道的成员包括(　　　)。

A.生产者　　B.中间商　　C.消费者　　D.供应商

2.一般来说,可以选择直接销售渠道的有(　　　)。

A.日用消费品　　B.大型机器设备　　C.单价高的产品　　D.顾客分散的产品

3.按经营的业务性质,可以把批发商划分为(　　　　)。

A.自营性批发商　　　　B.代营性批发商

C.专业批发商　　　　D.批发市场

4.下列属于企业自身因素影响分销渠道选择的有(　　　　)。

A.声誉与资金　　　　B.管理能力与经验

C.控制分销渠道的要求　　　　D.为中间商提供服务的能力

5.以下产品可以采用长渠道进行销售的有(　　　　)。

A.成长期的产品　　　　B.市场分散的产品

C.特殊机器设备　　　　D.日用消费品

三、判断题(本大题共 20 小题。正确的选 A,错误的选 B)

1.中间商介入商品交换,可以大大简化流通过程,增加流通费用。(　　)

A.正确　　　　B.错误

2.处于成长期、成熟期的产品为扩大销售,可采用长渠道来销售。(　　)

A.正确　　　　B.错误

3.超级市场也称自选商场,其特点之一是顾客自选、自我服务,因而可以节约售货时间,节约商店的人力费用。(　　)

A.正确　　　　B.错误

4.一般情况下,单位产品价值与分销渠道的长短、宽窄成正比例关系。(　　)

A.正确　　　　B.错误

5.原材料购买量大,购买次数少,用户数量有限的产品宜选择直接渠道。(　　)

A.正确　　　　B.错误

6.直接渠道与间接渠道的选择,实质上就是是否采用中间商的决策。(　　)

A.正确　　　　B.错误

7.一般情况下,价格昂贵的商品和名牌商品适合采用窄渠道。(　　)

A.正确　　　　B.错误

8.调整整个渠道是对以往的销售体系做通盘的调整,是企业调整渠道当中动作最大、涉及面最广也是最困难的调整。(　　)

A.正确　　　　B.错误

9.分销渠道,是指产品由生产者向消费者或者用户转移过程中所经过的途径和路线,分销渠道的起点是生产者,终点是消费者。(　　)

A.正确　　　　B.错误

10.所有的窜货都具有危害性,必须严加防范和坚决打击。(　　)

A.正确　　　　B.错误

11.长渠道和短渠道取决于渠道每个环节中使用同类型中间商数目的多少。(　　)

A.正确　　　　B.错误

12.按照经营的业务内容,可以把批发商划分为专业批发商、综合批发商和批发市场。(　　)

A.正确　　　　　　B.错误

13.经济效益的大小也是影响选择分销渠道的一个重要因素。(　　)

A.正确　　　　　　B.错误

14.相对而言,消费品中的选购品和特殊品最宜采取密集分销。(　　)

A.正确　　　　　　B.错误

15.季节性强的产品可以采用短、宽渠道,同时借助多个中间商的力量销售产品,以抓住时机,扩大销售。(　　)

A.正确　　　　　　B.错误

16.选择性分销是指制造商在某一地区选择众多的中间商为其推销产品。(　　)

A.正确　　　　　　B.错误

17.销售代理商是指受生产者委托,签订销货协议,在一定区域内负责代销生产企业制造的产品的中间商。(　　)

A.正确　　　　　　B.错误

18.经过三个以上中间环节的分销渠道才叫长渠道。(　　)

A.正确　　　　　　B.错误

19.对企业而言,分销渠道的环节和层次越多越难控制,因此分销渠道越短越好。(　　)

A.正确　　　　　　B.错误

20.中间商按其是否拥有商品所有权,可分为经销商和代理商。(　　)

A.正确　　　　　　B.错误

四、案例选择题(本大题共 5 小题。在每小题给出的四个选项中,只有一项符合题目要求)

录像带的渠道革新

1992 年美国圣诞节市场爆出一个大冷门:迪斯尼公司发行的卡通录像带《美女与野兽》成了最畅销和最赚钱的商品,开卖仅两个多月,就卖出了 2 000 万盘,盈利 2 亿美元。

秘诀何在?原来,迪斯尼公司的成功之道在于率先推出了"营销渠道革新"。就习惯而言,录像带应出现在文化商店和电器商店之中,这是人们通常想到也是通常使用的销售渠道。然而,文化市场总是受流行风左右,今天还十分红火的东西,明天说不定就会遭受冷落。更重要的是,由于现代人的生活节奏高度紧张,有兴趣也有时间专门逛录像带市场的人有限。这样问题的症结找出来了:录像带的滞销在于销售渠道不畅。

为此,迪斯尼公司大胆选择在超级市场和儿童玩具店出售录像带,把录像带与色拉油、蔬菜、瓜果及游戏机、洋娃娃放在一起。果然,那里川流不息的人潮给迪斯尼公司带来了滚滚财源。

根据市场营销相关理论,试分析该案例:

1.就习惯而言,录像带经营者通常采取的是(　　)渠道策略。

A.选择分销　　　　B.密集分销　　　　C.独家分销　　　　D.短渠道分销

2.迪斯尼公司把录像带与色拉油、蔬菜、瓜果及游戏机、洋娃娃放在一起销售，是利用了(　　)扩大销量。

A.窄渠道　　B.宽渠道　　C.短渠道　　D.直接渠道

3.传统录像带在文化商店和电器商店销售，采用的是(　　)零售商。

A.专业店　　B.百货店　　C.超级市场　　D.购物中心

4.迪斯尼公司选择在超级市场和儿童玩具店出售录像带，采用的是(　　)。

A.直接渠道　　B.广泛分销　　C.独家分销　　D.选择分销

5.迪斯尼选择这种新的渠道，主要是基于(　　)考虑。

A.市场因素　　B.企业本身　　C.产品因素　　D.政策因素

第八章　促销策略

考纲要点:【分值比例 15%】

1.了解促销影响因素,理解促销组合含义,掌握促销组合策略;
2.了解人员促销特点,掌握人员促销方法;
3.了解广告媒体的种类,掌握广告的基本要求和选择的影响因素;
4.了解适合消费者的营业推广方式;
5.了解公共关系的特点和形式。

知识脉络

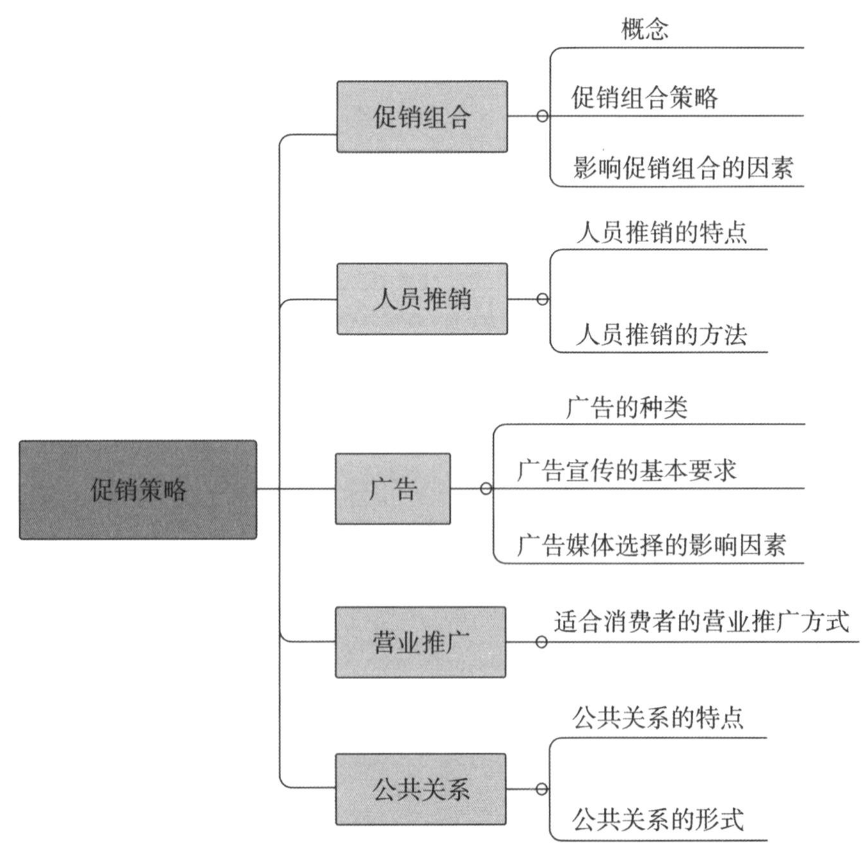

案例导入

雨伞——请自由取用

日本大阪新电机日本桥分店，有个独特的广告妙术，就是每逢暴雨骤至，每个伞架有三十把雨伞，伞架上写着："亲爱的顾客，请自由取用，并请下次来店时带来，以利于其他顾客。"未带雨伞的顾客顿时愁眉舒展，欣然取伞而去。当有人问及，如顾客不将雨伞送回怎么办？经理回答说："这些雨伞价格不贵，而且伞上都印有新电机的商标。因此，即使顾客不送还也没有关系，就当作是广告，这也是值得的。这对商店来说，是惠而不费的美事。"

8.1　促销组合

一、促销组合概念

促销组合是指企业把广告、公共关系、营业推广、人员推销等各种促销方式组合成一个策略系统，使企业的全部促销活动互相配合、协调一致，最大限度地发挥整体效果，从而实现促销目标。促销组合是营销沟通过程中的各个要素的选择、搭配及其运用，主要要素包括：广告、人员推销、营业推广（销售促进、销售推广）及公共关系。

考核层次：理解

对应考纲要点：第1点

考核样题：

（单项选择题）促销组合是指企业把广告、公共关系、营业推广、（　　）等各种促销方式组合成一个策略系统。

A.会议推销　　B.柜台推销　　C.人员推销　　D.上门推销

【参考答案】C

【解析】本题主要考查促销组合的概念。会议推销、柜台推销、上门推销是人员推销的形式。因此选C。

二、促销组合策略

促销组合策略就是各种促销活动方式的选择、运用与组合搭配的策略。根据促销活动运作的方向来分，有推动（推式）策略和拉引（拉式）策略两种。

1.推动策略（从上而下式策略）

推动策略就是以中间商为主要促销对象，把产品推进分销渠道。推动策略的操作程序是生产者竭力向批发商推销,批发商竭力向零售商推销,零售商竭力向消费者推销,最终达到消费者购买本企业产品的目的。企业采取“推”的策略,以人员推销和中间商促进为主。推动策略可表示如下:生产企业→批发商→零售商→批发商→消费者。

2.拉引策略(从下而上式策略)

拉引策略是以最终消费者为主要促销对象,首先设法引起潜在购买者对产品的需求和关注,接着消费者向零售商求购,零售商向批发商求购,批发商向生产者求购,最终达到购买目的。企业采取“拉”的策略,以广告促销和消费者促进为主。拉引策略可表示如下:消费者→零售商→批发商→生产企业。

考核层次:掌握

对应考纲要点:第1点

考核样题:

(单项选择题)企业采取“推”的策略,以(　　)为主:采取“拉”的策略,是以公关促销、广告促销和消费者促进为主。

A.人员推销和中间商促进　　B.广告促销和消费者促进

C.广告促销和公关促销　　D.人员促销和公关促销

【参考答案】A

【解析】本题主要考查对推动策略的理解。推动策略是以人员推销和中间商促进为主。因此选A。

三、影响促销组合的因素

1.产品的类型与特点

一般情况下,从事消费品营销的企业,适用的促销方式依次为:广告→营业推广→人员推销→宣传报道。从事工业品销售的企业,适用的促销方式依次为:人员推销→营业推广→广告→宣传报道。

由此可见,广告比较适用于价格较低、技术性弱、买主多而分散的消费品;人员推销比较适用于价格较昂贵、技术性强、买主少而集中的工业品。

2.市场状况

企业目标市场的不同特征也影响着不同促销方式的效果。在地域广阔且分散的市场,广告有着重要的作用;如果目标市场窄而集中,则使用人员推销方式更有效。此外,目标市场的其他特性,如:消费者收入水平、风俗习惯、受教育程度等,也都会对各种促销方式产生不同的影响。

3.推动(式)策略或拉引(式)策略

推动(式)策略:是以中间商为主要促销对象,把产品推进分销渠道。人员推销的作用最大。

拉引(式)策略:以最终消费者为主要促销对象,设法引起潜在购买者对产品的需求和关注。广告的作用最大。

4.顾客的购买过程

在知晓阶段，以广告和宣传报道为主；在了解阶段，以广告和人员推销为主；在确信阶段，以人员推销和广告为主；在购买阶段，以人员推销为主。

5.产品生命周期阶段

处于不同阶段的产品，促销的重点目标不同，所采用的促销方式有所区别，如表 8-1 所示。

表 8-1　产品生命周期各阶段促销的重点和方式

产品生命周期	促销目标重点	促销组合
投入期	使消费者认识和了解产品	介绍性广告、人员推销、公共关系、营业推广
成长期	进一步引起消费者的购买欲望	形象广告、公共关系
成熟期	增加产品的信誉度	形象广告、营业推广为主，人员推销为辅
衰退期	维持信任、偏爱	营业维护为主，提醒性广告为辅

考核层次：了解

对应考纲要点：第 1 点

考核样题：

（多项选择题）影响促销组合的因素有（　　　　）。

A.产品定价　　　　　　B.产品的性质

C.市场的特点　　　　　D.产品的生命周期

【参考答案】BCD

【解析】本题考查影响促销组合的因素。产品定价不属于影响促销组合的因素，因此选 BCD。

8.2　人员推销

一、人员推销的特点

人员推销是促销组合中最古老、最传统、最富有技巧性的促销方式。人员推销与其他促销方法相比，具有以下特点：

1.选择性

推销人员可以选择有较大购买潜力的顾客，有针对性地进行推销，并且可以先对目标顾客进行一番调查研究，拟订方案策略等。

2.控制性

推销人员在与顾客面对面的直接交流中，可以根据各类顾客的需要、动机和行为，设计具体的推销策略，控制推销过程。

3.情感性

推销人员与顾客在彼此信赖的基础上，建立深厚友谊、产生惠顾动机，形成稳定购销关系。

4.双向沟通性

在推销人员与顾客的交流中，一方面推销人员能向顾客传递有关商品的信息，另一方面又能从顾客那里及时获取市场和消费者的信息，进而调整促销策略。

人员推销的不利之处在于接触面较窄，在劳动力价值高的地区成本会较高。

考核层次：了解

对应考纲要点：第2点

考核样题：

（多项选择题）人员推销是一种双向沟通的直接推销方式，其特点是（　　）。

A.控制性　　B.选择性

C.情感性　　D.费用低

【参考答案】ABC

【解析】本题考查人员推销的特点。人员推销的不利之处在于接触面窄，而且在劳动力价值高的地区成本会较高。所以费用低不是人员推销的特点，因此选ABC。

二、人员推销的方法

推销方法是指推销人员根据不同的销售环境、推销气氛、推销对象和推销产品，审时度势，巧妙而灵活地采用各种推销策略，如表8-2所示。

（一）试探性策略

试探性策略又称为“刺激—反应”策略，是推销人员利用刺激性较强的方法引发顾客购买行为的推销，通常在顾客对产品了解不够充分时使用。推销人员可先设计能引起顾客兴趣、刺激顾客购买欲望的推销语言，对顾客进行试探并观察其反应，然后加以引导，实现顾客产生购买行为的目的。

（二）针对性策略

针对性策略又称为“配方—成交”策略，是推销人员利用针对性较强的说服方法，促使顾客产生购买行为的一种推销策略，通常在推销人员已经掌握了顾客需求的前提下使用。推销人员事先设计好针对性较强的推销语言和措施，有的放矢地宣传、展示和介绍商品，说服顾客购买。

（三）诱导性策略

诱导性策略又称为“诱发—满足”策略，是推销人员运用高超的推销技巧，诱导顾客产生某种需求，从而产生购买行为的推销策略，通常在顾客毫无兴趣的情况下使用。推销人员要唤起顾客的潜在需求，首先要设计出具有鼓励性、诱惑性的购货建议，诱发顾客产生某种需求，激发其迫切希望满足这种需求的动机，然后抓住时机，因势利导地向顾客介绍推销品的效用，说明该推销品正好能满足顾客的需要，从而促成交易的实现。

表 8-2　人员推销策略

人员推销的方法	又称	特征关键词
试探性策略	“刺激—反应”策略	了解不够充分 试探—观察反应—加以诱导—敦促购买
针对性策略	“配方—成交”策略	了解充分 针对性强—有的放矢
诱导性策略	“诱发—满足”策略	顾客毫无兴趣 唤起顾客潜在需求

考核层次：掌握

对应考纲要点：第 2 点

考核样题：

（单项选择题）（　　）又称“刺激—反应”策略，指推销人员利用刺激性较强的方法引发顾客购买行为的一种推销策略。

A.针对性策略　　　　B.试探性策略

C.诱导性策略　　　　D.自发性策略

【参考答案】B

【解析】本题考查的是人员推销的方法。试探性策略又称为“刺激—反应”策略，是推销人员利用刺激性较强的方法引发顾客购买行为的一种推销形式。因此选 B。

8.3　广告

一、广告的种类

广告作为信息传播方式的一种，范围很广，既包括营利组织的广告，又包括非营利组织（如政府部门、宗教团体、慈善机构）的广告。本节所研究的是适用于营利组织的广告，即商业广告或经济广告。商业广告是指广告主有目的地通过各种可控制的、有效的大众传播媒体，促进商品和服务销售的付费宣传。

根据广告载体的不同，广告媒体可以分为以下几种：

①印刷品广告：包括报纸广告、杂志广告、电话簿广告等。

②电子媒体广告：包括电视广告、广播广告、网络广告等。

③邮寄广告：包括商品样本、商品目录书、商品说明书、宣传小册子、明信片等。

④户外广告：是指在建筑外表或街道、广场等室外公共场所设立的广告，包括路牌广

告、霓虹灯、车身广告等。

⑤POP广告:是指在营业现场设置的各种广告形式。按位置可以分为室内POP广告和室外POP广告。室内POP广告包括柜台广告、货架陈列广告、模特广告等;室外POP广告包括商店招牌、门面装饰、传单广告、招贴画、电子显示屏等。

不同种类的媒体广告及其所表现的优缺点内容如表8-3所示。

表8-3 不同种类的媒体广告及其优缺点

种类	优点	缺点
报纸	传播速度快,覆盖面广,易保存,读者稳定,新闻性、可读性、知识性、指导性和记录性显著,信息容量大,费用低,制作简单	感染力差,内容庞杂,易分散注意力,广告时效性弱
杂志	阅读的有效时间长,便于长期保存,内容专业性较强,有独特、固定的阅读群体	出刊周期较长,不利于快速传播,覆盖面窄
电视	形象生动,易记忆,吸引力强,覆盖面广	费用高,制作难度大,时间短
广播	及时传播速度快,灵活性高,对象广泛,成本低	难以集中受众的注意力,不易记忆
网络广告	速度快,面广,费用低,信息容量大,生像俱全,不受时间限制	接触人群有限

考核层次:了解

对应考纲要点:第3点

考核样题:

(单项选择题)发行周期长,广告时效性差的是(　　)。

A.电视广告　　B.广播广告　　C.邮寄广告　　D.杂志广告

【参考答案】D

【解析】本题主要考查广告的种类。发行周期长,广告时效性差的是杂志广告。因此选D。

二、广告宣传的基本要求

(1)计划性和效益性。企业设计和制作广告,要先做好市场调查和预测,根据营销任务全盘规划。

(2)真实性。企业必须实事求是地向消费者介绍商品的使用价值。

(3)思想性。广告的文字、图画、音乐等必须符合党和国家的方针政策和法律法规,反映现代特色和道德传统。

(4)艺术性。广告应精心设计,力求体现思想性和艺术性,给人以艺术享受,使消费者能从中得到教育,得到启发,受到感染。

考核层次：掌握

对应考纲要点：第 3 点

考核样题：

（单项选择题）企业必须实事求是地向消费者介绍商品的使用价值，这体现了广告宣传的（　　）要求。

A.计划性　　B.真实性　　C.思想性　　D.艺术性

【参考答案】B

【解析】本题主要考查广告宣传的基本要求。企业必须实事求是地向消费者介绍商品的使用价值，体现的是广告宣传的真实性。因此选 B。

三、广告媒体选择的影响因素

（1）目标顾客习惯偏好。例如对青少年顾客采取电视广告效果最好。

（2）产品种类。例如为妇女服装做广告选择彩色印刷的杂志广告最有吸引力。

（3）广告信息。选择何种媒体与广告信息本身有着密切的关系，例如复杂的技术信息，在广播电视中难以说清，而通过报纸或专业杂志宣传效果较好。

（4）成本费用。不同的广告媒体，费用支出存在很大的差异，例如电视广告成本较高，网络广告成本相对较低。

（5）广告媒体的知名度和影响力，包括发行量、信誉和分布的地区等。

考核层次：掌握

对应考纲要点：第 3 点

考核样题：

（单项选择题）儿童玩具一般宜选择（　　）作为广告媒介。

A.报纸　　B.广播　　C.电视　　D.杂志

【参考答案】C

【答案解析】本题主要考查从目标顾客的习惯、偏好出发去选择广告媒介。由题干可知本题选 C。

8.4　营业推广

营业推广是指为刺激消费者迅速购买和吸引中间商大批经营所采用的一种短期促销措施。适合消费者的营业推广方式如下：

（1）赠送样品，即免费向顾客发送样品，供其试用。此方法适用于新产品推广阶段，具体做法有挨家派送、邮寄发送、店内发送、随其他商品的销售配送、随广告分发等。

(2)优惠券,即送给消费者的一种购物券,消费者在购买某种特定商品时凭其可少付一部分价款。

(3)有奖销售。在一段时间内对购买数量达到一定标准或购买指定商品的消费者给予一定的货物或实物奖励,以吸引消费者从而扩大销售市场。

(4)赠送礼品,即在顾客购买某种商品时,免费赠送小商品,以刺激顾客的购买欲望。

(5)交易印花,即在营业过程中向购物者赠送印花。当购物者手中的印花积累到一定数量时,可向出售者领取现金或实物,以吸引顾客长期购买本企业的商品。

(6)现场示范,即在营业场所用表演示范的方法介绍宣传新产品的用途和使用方法,增加顾客对新产品的了解,并刺激其购买。

(7)特价包装,又称小额折让交易,即以低于正常价格的水平和特别包装的方式向消费者销售产品,如组合包装(牙膏和牙刷)等。

考核层次:了解

对应考纲要点:第4点

考核样题:

(单项选择题)营业推广多用于(　　)的促销,是一种非定期促销活动。

A.常规性　　　　B.短期性

C.连续性　　　　D.长期性

【参考答案】B

【解析】本题主要考查营业推广的方式。营业推广是指为刺激消费者迅速购买和吸引中间商大批经营所采用的一种短期促销措施。因此选B。

8.5　公共关系

一、公共关系的特点

公共关系是指利用传播手段来沟通内外关系,以塑造良好形象、创造良好环境的管理艺术。公共关系的目标是追求长(远)期利益,具有以下特点:

1.传递信息全面性

企业开展公共关系活动是通过一定媒体把企业有关信息传递给公众,是为了塑造良好的企业形象,取得公众的信赖和支持,因此,它所传递的信息是大量的、全面的。

2.对公众影响多元性

一个企业面对的公众主要有六种:顾客、供应商、社区居民、媒体、政府机关和本企业员工。不同的社会公众会从不同角度对企业提出不同的要求,企业对公众的影响具有多元性。

3.公关成效多面性

企业通过一系列公共关系活动，塑造良好的企业形象，使公众“爱屋及乌”，从而给企业带来多方面的长久利益。

考核层次：了解

对应考纲要点：第 5 点

考核样题：

（多项选择题）公共关系的特点包含（　　　　）。

A.传递信息全面性　　　　B.对公众影响多元性

C.公关成效多面性　　　　D.目标追求短期性

【参考答案】ABC

【解析】本题主要考查公共关系的特点。公共关系的目标是追求长（远）期利益。因此选 ABC。

二、公共关系的形式

1.公关宣传

公关宣传即将企业的新产品、新服务项目、新的销售手段等信息，及时、有效地传递给消费者。常用的形式有新闻公报（发布会）、召开记者招待会、发放各种宣传资料、策划新闻事件等。

2.公关活动

公关活动即企业通过一系列公共关系活动来达到促销目的。具体有：消费者接待日、开放参观日、社会赞助等。其中，社会赞助可组织赞助文化、教育、体育、福利等各项活动。

3.公共关系专题活动（公共关系特别节目）

公共关系专题活动即通过有广泛社会影响力的活动，将企业与广大公众紧密联系在一起，从而促进销售。其形式有：典礼仪式、周年庆、专题喜庆活动、专题竞赛活动、学术研讨会等。

考核层次：了解

对应考纲要点：第 5 点

考核样题：

（单项选择题）古龙酱油文化园设置消费者接待日，推出古龙酱油文化园一日游，这属于公共关系的（　　）形式。

A.公关宣传　　　　B.公关活动

C.公共关系专题活动　　　　D.宣传报道

【参考答案】B

【解析】本题主要考查公共关系的形式。消费者接待日属于公共关系中的公关活动形式。因此选B。

同步练习

一、单项选择题(本大题共20小题,在每小题给出的四个选项中,只有一项符合题目要求)

1.促销的本质是(　　)。

A.出售商品　　B.沟通信息　　C.建立良好关系　　D.寻找顾客

2.公共关系是一项(　　)的促销方式。

A.一次性　　B.偶然　　C.短期　　D.长期

3.在不同的促销方式中,(　　)最能激起消费者短期内的需求。

A.人员推销　　B.广告　　C.营业推广　　D.公共关系

4.人员推销的缺点主要表现为(　　)。

A.成本低,顾客量大　　B.成本高,顾客量大

C.成本低,顾客有限　　D.成本高,顾客有限

5.在产品生命周期的投入期,消费品的促销目标主要是宣传介绍产品,刺激购买欲望的产生,因而主要应采用(　　)促销方式。

A.广告　　B.人员推销　　C.价格折扣　　D.销售促进

6.公共关系的目标是使企业(　　)。

A.出售商品　　B.盈利　　C.广结良缘　　D.占领市场

7.一般日常生活用品,适合于选择(　　)做广告。

A.人员　　B.专业杂志　　C.电视　　D.公共关系

8.一般说来,人员推销有上门推销、柜台推销和(　　)三种形式。

A.宣传推销　　B.会议推销　　C.协作推销　　D.节假日推销

9.在人员推销中,常采用的"刺激—反应"策略,也就是(　　)策略。

A.针对性　　B.诱导性　　C.等待性　　D.试探性

10.(　　)是企业通过一定的方式将产品或服务的信息传递给目标顾客,使其了解并产生兴趣,最后促使其购买本企业产品的一系列活动。

A.促销　　B.广告　　C.营业推广　　D.公共关系

11.以中间商为主要促销对象,把产品推进分销渠道的策略是(　　)。

A.推动策略　　B.拉引策略　　C.广告策略　　D.人员推销策略

12.对青少年顾客采用电视广告效果最好,主要考虑的是(　　)对广告媒体的影响。

A.产品种类　　B.目标顾客习惯　　C.广告信息　　D.成本费用

13."配方—成交"策略是指(　　)策略,主要是在(　　)使用。

A.试探性　对顾客了解不够充分时　　B.针对性　掌握顾客需求的前提下

C.试探性　掌握顾客需求的前提下　　D.针对性　对顾客了解不够充分时

14.制造生活资料商品的企业在运用促销组合策略时，往往首先运用(　　)策略推广其商品。

A.人员推销　B.营业推广　C.广告　D.公共关系

15.专业性强的工具类产品比较适合在(　　)做广告。

A.当地报纸　B.杂志　C.电视　D.广播

16.在零售企业中，商品陈列与展示是一种常用的营业推广策略，这种策略应用主要是针对(　　)。

A.中间商　B.推销人员　C.制造商　D.消费者

17.企业发放会员卡的目的在于(　　)。

A.构建良好关系　B.引起注意　C.提高知名度　D.稳定消费者队伍

18.广告是一种市场信息的(　　)沟通方式。

A.单向　B.双向　C.正向　D.反向

19.建立购买者知晓方面效率最差的促销工具是(　　)。

A.广告　B.营业推广　C.人员推销　D.宣传报道

20.引人注意，送达率高，但成本大，转瞬即逝的广告媒体是(　　)。

A.杂志　B.报纸　C.广播　D.电视

二、多项选择题(本大题共5小题，在每小题给出的四个选项中，有两个或两个以上选项符合题目要求。多选、错选、漏选均不得分)

1.人员推销的特点有(　　　)。

A.选择性　B.控制性　C.周期性　D.双向沟通性

2.促销组合就是将(　　　)等促销方式进行组合的策略。

A.广告　B.营业推广　C.人员推销　D.公共关系

3.下列适合采用电视广告的产品是(　　　)。

A.飘柔洗发水　B.喜之郎果冻　C.挖掘机　D.农药

4.下列适合消费者的营业推广方式有(　　　)。

A.销售竞赛　B.有奖销售　C.特殊包装　D.会员卡

5.下列属于促销活动方式中公共关系的是(　　　)。

A.赞助　B.募捐　C.回扣　D.赠品

三、判断题(本大题共20小题。正确的选A，错误的选B)

1.人员推销、广告、公共关系、销售促进等促销方式各有优劣，一般情况下，企业很难通过一种促销方式实现促销目标。(　　)

A.正确　B.错误

2.推式促销方式要求生产者以中间商为主要的促销对象。(　　)

A.正确　B.错误

3.营业推广是厂商为了刺激消费者迅速购买而采取的一种长期措施，是最常用的促

销手段。(　　)

A.正确　　　　B.错误

4.工业用品技术性强、行业差别大、用户较固定,因此广告是最佳的促销手段。(　　)

A.正确　　　　B.错误

5.企业在其促销活动中,在方式的选用上,只能在人员和非人员促销中选择其中一种加以应用。(　　)

A.正确　　　　B.错误

6.在对促销策略的运用中,消费品偏重人员推销与公共关系,而工业品则偏向于广告和营业推广。(　　)

A.正确　　　　B.错误

7.广告是一种具有双向信息交流的信息沟通。(　　)

A.正确　　　　B.错误

8.营业推广具有接触面积有局限性和有时会降低商品身份等缺点。(　　)

A.正确　　　　B.错误

9.俗语"买卖不成仁义在"是指人员推销这种促销方式与其他促销方式相比,更具有情感性。(　　)

A.正确　　　　B.错误

10.电视广告形象、生动、逼真,感染力强,而且费用低廉。(　　)

A.正确　　　　B.错误

11."可口可乐杯主持人大赛"属于公共关系中的公关宣传。(　　)

A.正确　　　　B.错误

12.宣传报道是由被宣传者出资进行的,因此不具有客观性和真实性。(　　)

A.正确　　　　B.错误

13.人员促销主要适合在消费者数量多、比较分散的情况下进行。(　　)

A.正确　　　　B.错误

14.由于人员推销是一个推进商品交换的过程,所以买卖双方建立友谊、密切关系是公共关系,而不是推销活动要考虑的内容。(　　)

A.正确　　　　B.错误

15.公益广告是用来宣传公益事业或公共道德的广告,所以它与企业的商业目标无关。(　　)

A.正确　　　　B.错误

16.对单位价值低,流通环节较多,流通渠道较长,市场需求较大的产品,一般采用拉式策略。(　　)

A.正确　　　　B.错误

17."刺激—反应"策略是在对顾客了解不够充分的情况下,推销者运用刺激手段引发顾客产生购买行为的策略。(　　)

A.正确　　　　B.错误

18.广告的生命在于真实。(　　)

A.正确　　　　B.错误

19.报纸广告具有费用低廉、制作方便的优势。(　　)

A.正确　　　　B.错误

20.促销的最终目的是与顾客建立良好的关系。(　　)

A.正确　　　　B.错误

四、案例选择题(本大题共5小题)

"MM"品牌卷烟的成功营销

某卷烟公司在"MM"品牌卷烟最初进入某区域市场时,进行了精心策划。首先只挑选了285家零售店,公司派出推销员进行铺货来宣传产品,起到了一定的标杆作用。同时,选取50～100家A级卷烟零售客户,作为日常维护和宣传推广的重点。店内配备易拉宝、展示架、宣传单、日历卡、展示牌、礼品盒、仿真条盒模型、店内喷绘灯箱等宣传促销物品。

根据市场营销相关理论,试分析该案例:

1.(多项选择题)该卷烟公司对"MM"品牌卷烟营销策划主要运用了(　　　)策略。

A.产品　　　　B.价格　　　　C.分销　　　　D.促销

2.在选择分销渠道时,该企业主要运用了(　　)策略。

A.广泛分销　　　　B.选择分销　　　　C.独家分销　　　　D.共同分销

3.该企业在零售店内配备易拉宝、展示架、宣传单、日历卡、展示牌、礼品盒、仿真条盒模型、店内喷绘灯箱、品吸烟、POP宣传海报等进行品牌宣传推广,这主要是有效运用了(　　)策略。

A.广告促销　　　　B.营业推广　　　　C.公关促销　　　　D.人员推广

4.该企业在零售店内配备的产品"易拉宝、展示架、宣传单、日历卡、展示牌、礼品盒、仿真条盒模型、店内喷绘灯箱"属于(　　)。

A.电子媒体广告　　　　B.邮寄广告　　　　C.POP广告　　　　D.流动广告

5.公司派出推销人员的行为属于促销组合中的(　　)。

A.广告　　　　B.人员推销　　　　C.营业推广　　　　D.公共关系

附一　综合模拟试卷

（合格卷＋等级卷）

综合模拟试卷一

卷Ⅰ　合格卷

考生答题注意事项：

1.本试卷考试时间90分钟，满分150分。

2.本试卷全部为选择题。每小题选出答案后，用2B铅笔把答题卡上的相应代码涂黑，在试卷上作答无效，试卷空白处可作为草稿纸使用。

3.考试结束后，考试必须将试卷和答题卡一并交回。

4.合理安排答题空间，超出答题区域无效。

一、单项选择题（本大题共50小题，每小题2分，共100分。在每小题给出的四个选项中，只有一项符合题目要求）

1.无差异性目标市场策略主要适用于（　　）的情况。

A.企业实力较弱　　B.产品性质相似

C.市场竞争者多　　D.消费需求复杂

2.在新产品试销期间，如果（　　），则企业应不断改进产品，以更好地满足市场需要。

A.试用率低，再购率高　　B.试用率低，再购率低

C.试用率高，再购率低　　D.试用率高，再购率高

3.生产婴幼儿食品的企业将其食品投向老年人市场，是通过（　　）寻找市场营销机会的方法。

A.产品开发　　B.市场开发　　C.市场渗透　　D.多种经营

4.（　　）是细分国际市场最常用的变量。

A.经济因素　　B.政治因素　　C.组合因素　　D.地理因素

5.市场细分首要考虑的重要因素是（　　）。

A.购买行为　　B.人口因素　　C.心理因素　　D.地理环境

6.生产家用电器的企业与房地产公司是(　　)。

A.一般竞争者　B.愿望竞争者　C.品牌竞争者　D.形式竞争者

7.俘虏产品定价就是把相关产品中的一种商品(引诱品)的价格定得较低以吸引顾客,而把另一种商品(俘虏品)的价格定得较高以赚取利润,一般适用于(　　)的定价。

A.替代产品　B.选择产品　C.技术性产品　D.相关产品

8.产品特色属于产品整体中的(　　)部分。

A.核心　B.附加　C.形体　D.特设

9.网络游戏一般宜选择(　　)作为广告媒介。

A.报纸　B.广播　C.网络　D.杂志

10.当企业生产经营多种产品或多个品牌时,应采取(　　)管理组织法设立市场营销部门。

A.职能　B.地区　C.市场　D.产品

11.向企业供应原材料、部件、能源、劳动力和资金等资源的企业和组织称为(　　)。

A.代理商　B.辅助商　C.零售商　D.供应商

12.希望得到一定的社会地位和社会的承认,这种需要属于(　　)。

A.生理需要　B.安全需要　C.社会需要　D.尊重需要

13.市场细分的基本标准是(　　)。

A.市场的可衡量性　B.目标市场的有效性

C.消费者需求的差异性　D.市场的相对稳定性

14.对于同质产品或需求上共性较大的产品,一般应实行(　　)。

A.集中性市场营销　B.差异性市场营销

C.无差异性市场营销　D.维持性市场营销

15.顾客购买某种产品最根本的目的是获得(　　)。

A.产品核心　B.产品形式　C.产品附加　D.产品组合

16.在原有产品的基础上,采用或部分采用新技术、新材料、新工艺研制出来的新产品,叫作(　　)。

A.改进产品　B.换代产品　C.升级产品　D.仿新产品

17.在企业定价方法中,目标利润定价法属于(　　)。

A.成本导向定价　B.需求导向定价

C.竞争导向定价　D.市场导向定价

18.利用顾客求廉的心理,特意将某几种商品的价格定得较低以吸引顾客,是采用(　　)。

A.取脂定价　B.招徕定价　C.价格歧视　D.折扣定价

19.市场营销组合中的4Ps是指(　　)。

A.产品、价格、地点、促销　B.产品、价格、政治力量、促销

C.探查、分割、优选、定位　D.价格、地点、人力、公共关系

20.分销渠道的起点和终点是(　　)。

A.中间商、消费者　B.生产者、消费者

C.生产者、中间商　　D.中间商、生产者

21.许多冰箱生产厂家近年来高举“环保”“健康”旗帜，纷纷推出无氟冰箱。它们所奉行的市场营销管理哲学是(　　)。

A.推销观念　　B.生产观念

C.市场营销观念　　D.社会营销观念

22.企业销售人员在访问推销过程中可以亲眼观察到顾客的反应，并揣摩其心理，不断改进推销陈述和推销方法，最终促成交易。这说明人员推销具有(　　)。

A.公关性　　B.针对性　　C.灵活性　　D.复杂性

23.将盘子、碗、碟子、勺子等餐具放在一个盒子中销售，这种包装叫(　　)。

A.类似包装　　B.组合包装　　C.附赠包装　　D.再使用包装

24.一种观点认为，只要企业能提高产品的质量、增加产品的功能，便会顾客盈门，这种观点是(　　)。

A.生产观念　　B.产品观念　　C.推销观念　　D.市场营销观念

25.社会文化环境属于(　　)。

A.微观环境　　B.宏观环境　　C.不确定因素　　D.可控因素

26.市场营销学作为一门独立学科，产生于20世纪初的(　　)。

A.中国　　B.日本　　C.美国　　D.英国

27.以高价格和大量的促销费用支出推出新产品，以期树立高格调的市场形象，并希望及早收回成本，这种策略叫作(　　)。

A.快速掠取　　B.缓慢掠取　　C.快速渗透　　D.缓慢渗透

28.一般说来，一个完整的购买过程可分为五个阶段，其中第一个阶段是(　　)。

A.认识需求　　B.比较选择　　C.购买决策　　D.收集资料

29.企业选择目标市场的基础和前提是(　　)。

A.市场定位　　B.市场细分　　C.营销组合　　D.企业实力

30.在品牌的概念中，可以用语言表达的那部分是(　　)。

A.品牌团　　B.品牌名　　C.品牌标志　　D.商标

31.在市场营销中，市场的大小取决于(　　)、购买力、购买欲望的大小。

A.人口　　B.广告的投入　　C.赠品的多少　　D.推销员的能力

32.社会营销观念是以(　　)为中心的营销观念。

A.推销　　B.消费者需求　　C.产品　　D.社会利益

33.“老王卖瓜，自卖自夸”属于(　　)。

A.生产观念　　B.推销观念

C.市场营销观念　　D.社会营销观念

34.著名的需求层次理论是由(　　)提出的。

A.马克思　　B.马斯洛　　C.恩格斯　　D.阿奇·萧

35.目标市场营销策略由三个步骤组成：一是市场细分，二是选择目标市场，三是进行(　　)。

A.推销　B.促销　C.市场定位　D.竞争分析

36.购物时注重物美价廉,价格合适就买,这属于(　　)顾客。

A.经济型　B.冲动型　C.理智型　D.疑虑型

37.季节交替时节,商场经常对过季商品进行降价促销,这种定价策略属于(　　)。

A.交易折扣　B.季节折扣　C.数量折扣　D.现金折扣

38.目标市场营销是(　　)观念的体现。

A.生产　B.推销　C.产品　D.市场营销

39.市场营销的研究对象是以满足(　　)的企业营销活动过程及其规律性。

A.企业为中心　B.政府为中心

C.国家为中心　D.消费者需求为中心

40.在居民收入中直接影响消费水平和消费结构的是(　　)部分收入。

A.额外收入　B.工资全部收入

C.个人可自由支配收入　D.人均国民收入

41.消费品市场与生产资料的根本区别在于(　　)。

A.一次性购买数量的多与少　B.专家购买与非专家购买

C.购买时为了生产还是为了最终消费者　D.需求弹性的大与小

42.企业开展市场营销活动的目的是(　　)。

A.增加销量　B.盈利

C.满足顾客需要　D.满足顾客需求并实现自身目标

43.以下哪个因素是企业不可控制的环境因素?(　　)

A.顾客　B.供应商　C.消费者协会　D.风俗习惯

44.相对于按键手机而言,触屏手机属于(　　)。

A.换代新产品　B.全新产品　C.改进新产品　D.地域新产品

45.(　　)是指对那些有较高声誉的名牌高档商品或在名店销售的商品制定较高的价格,以满足消费者求名和炫耀的心理。

A.撇脂定价　B.声望定价　C.习惯定价　D.尾数定价

46.消费者选购产品时,所依据的往往是产品的(　　)层,即产品带给人们的效用。

A.核心产品　B.有形产品　C.附加产品　D.功能

47.以社会利益为目的,以公众为诉求对象的广告称为(　　)。

A.公关广告　B.公关促销　C.公益广告　D.赞助广告

48.具有典型双向信息沟通性质的促销方式是(　　)。

A.广告　B.人员推销　C.公关　D.营业推广

49.产品整体概念不包括(　　)。

A.核心产品　B.有形产品　C.附加产品　D.无形产品

50.在品牌的概念中,可以用语言表达的那部分是(　　)。

A.商标　B. logo　C.品牌标志　D.品牌名

二、判断题(本大题共25小题,每小题2分,共50分。正确的选A,错误的选B)

1.在人数一定的情况下,收入水平很大程度上决定了市场规模和容量的大小。(　　)

A.正确　　　　B.错误

2.市场细分也就是市场分类,即企业通过对不同商品进行分类,以满足不同需要的活动。(　　)

A.正确　　　　B.错误

3.社会文明和经济水平的不断提高是推动企业营销观念改变的根本原因。(　　)

A.正确　　　　B.错误

4.营业推广是消费品营销活动中最主要的促销手段。(　　)

A.正确　　　　B.错误

5.消费者往往是在外部刺激下认识到需要的存在。(　　)

A.正确　　　　B.错误

6.分销渠道的起点是生产者,终点是中间商。(　　)

A.正确　　　　B.错误

7.选择性渗透策略即以低价格、高促销费用推出新产品。(　　)

A.正确　　　　B.错误

8.国际公共关系活动既是一种跨越国界的经济活动,又是一种跨越国界的政治活动。(　　)

A.正确　　　　B.错误

9.代理商最主要的特点是其无固定的营业场所。(　　)

A.正确　　　　B.错误

10.产品组合的深度是指企业所拥有的各条产品线及其所包含的产品项目的总和。(　　)

A.正确　　　　B.错误

11.营销中介人即指中间商。(　　)

A.正确　　　　B.错误

12.市场细分的实质是细分消费者需求。(　　)

A.正确　　　　B.错误

13.把目标市场定在与竞争者相似的位置,同竞争者争夺同一细分市场被称为是避强定位策略。(　　)

A.正确　　　　B.错误

14.快速掠取策略适用于对价格非常敏感的顾客。(　　)

A.正确　　　　B.错误

15.市场营销观念从消费者需求出发,往往造成企业利润减少。(　　)

A.正确　　　　B.错误

16.市场撇脂定价法不利于开拓市场、获得更大的市场份额。(　　)

A.正确　　　　B.错误

17.所有产品的市场生命周期都必须经过投入期、成长期、成熟期和衰退期四个阶段。(　　)

A.正确　　B.错误

18.首先提出购买某种商品的人是商品购买过程中的决策者。(　　)

A.正确　　B.错误

19.使用统一品牌,可使新产品的推广费用降低。(　　)

A.正确　　B.错误

20.市场营销也就是企业的销售工作。(　　)

A.正确　　B.错误

21.从市场营销的角度看,凡是企业向市场提供的过去没有生产过的产品都叫新产品。(　　)

A.正确　　B.错误

22.马斯洛需求层次理论中最低层次的需要是自我实现的需要。(　　)

A.正确　　B.错误

23.避强定位是一种避开强有力的竞争对手的市场定位。(　　)

A.正确　　B.错误

24.产品生命周期是指产品从进入市场到最后被淘汰的全过程。(　　)

A.正确　　B.错误

25.促销活动的实质就是为了销售产品。(　　)

A.正确　　B.错误

卷Ⅱ　等级卷

考生答题注意事项:

1.本试卷考试时间60分钟,满分100分。

2.选择题每小题选出答案后,用2B铅笔把答题卡上的相应代码涂黑,在试卷上作答无效,试卷空白处可作为草稿纸使用。

3.考试结束后,考试必须将试卷和答题卡一并交回。

4.合理安排答题空间,超出答题区域无效。

一、单项选择题(本大题共20小题,每小题2分,共40分。在每小题给出的四个选项中,只有一项符合题目要求)

1.市场营销学作为一门独立学科,产生于20世纪初的(　　)。

A.中国　　B.日本　　C.美国　　D.英国

2.以高价格和大量的促销费用支出推出新产品,以期树立高格调的市场形象,并希望及早收回成本,这种策略叫作(　　)。

A.快速掠取　　B.缓慢掠取　　C.快速渗透　　D.缓慢渗透

3.现代营销观念的出发点是(　　)。

A.顾客需求　　B.企业利益　　C.产品设计　　D.方便促销

4.在商业企业,很多商品的定价都不进位成整数,而保留零头,这种心理定价策略称为(　　)策略。

A.招徕定价　　B.尾数定价　　C.声望定价　　D.习惯定价

5.一般说来,一个完整的购买过程可分为五个阶段,其中第一个阶段是(　　)。

A.认识需求　　B.比较选择

C.购买决策　　D.收集资料

6.根据马斯洛需求层次理论,最高层次的需要是(　　)。

A.生理需要　　B.安全需要

C.自我实现的需要　　D.社会需要

7.在原有产品基础上采用或部分采用新技术、新材料研究出来的新产品在结构、功能、品质、花色、款式及包装上具有新的特点和新的突破称作(　　)。

A.仿制新产品　　B.换代新产品　　C.全新新产品　　D.改进新产品

8.企业的目标市场集中于一个细分市场,企业只生产一种产品,只供应一个顾客群,这种目标市场模式被称为(　　)。

A.产品专业化　　B.产品—市场集中化

C.市场专业化　　D.选择性专业化

9.产品生命周期各阶段中,广告和其他营销费用最高的阶段是(　　)。

A.衰退期　　B.成长期　　C.成熟期　　D.投入期

10.促销活动的实质是一种(　　)。

A.营销活动　　B.沟通活动　　C.买卖活动　　D.交易活动

11.企业利用消费者具有仰慕名牌商品或名店声望所产生的某种心理,对质量不易鉴别的商品的定价最适宜采用(　　)法。

A.尾数定价　　B.招徕定价　　C.声望定价　　D.反向定价

12.产品整体概念中的送货、维修、安装属于(　　)。

A.核心产品　　B.有形产品　　C.附加产品　　D.其他产品

13.企业拥有不同产品线的数目是产品组合的(　　)。

A.深度　　B.宽度　　C.相互关联性　　D.长度

14.按照现有的市场行情来定价的策略属于(　　)。

A.追随领导定价法　　B.损益平衡定价法

C.理解价值定价法　　D.随行就市定价法

15.接受生产企业的委托,从事销售业务,但不拥有商品所有权的中间商是(　　)。

A.批发商　　B.代理商

C.零售商　　D.二级批发商

16.人员推销的主要缺点是(　　)。

A.效果差　　B.灵活性差　　C.针对性差　　D.成本高

17.消费者在购买一件贵重的、不常买的、有风险的又非常有意义的产品时,需要有一个学习过程,最后决定购买,这类购买行为一般属于(　　)。

A.习惯性购买行为　　B.寻求多样化购买行为

C.化解不协调购买行为　　D.复杂购买行为

18.促销组合中的一种最古老、最传统、最富有技巧性的促销方式是(　　)。

A.人员推销　　B.广告　　C.营业推广　　D.公共关系

19.促销目标的重点是建立产品知晓度,该产品处于生命周期的(　　)。

A.成长期　　B.投入期　　C.成熟期　　D.衰退期

20.在一个家庭的购买决策中,家庭成员分担不同角色,起不同作用,其中对部分或整个购买决策有权作出最后决定的人是(　　)。

A.购买者　　B.决策者　　C.影响者　　D.倡议者

二、多项选择题(本大题共5小题,每小题3分,共15分。在每小题给出的四个选项中,有两个或两个以上选项符合题目要求。多选、错选、漏选均不得分)

1.营销市场是由(　　)有机组成的总和。

A.人口　　B.销售者　　C.购买力　　D.购买欲望

E.转卖者

2.以下(　　)属于现代市场观念。

A.生产观念　　B.推销观念

C.市场营销观念　　D.生态营销观念

E.社会营销观念

3.促销组合就是对(　　)等促销方式的综合运用。

A.营业推广　　B.广告　　C.人员推销　　D.公共关系

E.其他

4.企业在开展营销活动时,能够采用的市场定位策略有(　　)。

A.避强定位　　B.迎头定位

C.重新定位　　D.寻找市场定位

E.随机定位

5.下列属于折扣定价策略的有(　　)。

A.现金折扣　　B.数量折扣　　C.交易折扣　　D.季节折扣

E.促销让价

三、案例选择题(本题共三大题,每大题共5小题,每小题2分,共30分。在每小题给出的四个选项中,只有一项符合题目要求)

案例一:华为手机作为国内手机厂商巨头,为了满足不同消费层次市场的需求,其品牌下的手机系列种类非常多。

华为保时捷系列——华为最高端的是与保时捷合作的系列产品,手机是基于最高端的Mate系列,先后推出了华为Mate 9 RS保时捷版、华为Mate 10 RS保时捷版、华为

Mate RS保时捷版等；

华为Mate系列——华为Mate是目前华为的两大旗舰之一，主打的是大屏幕、商务、续航等卖点，采用华为最新的技术；

华为P系列——P系列是华为的双旗舰之一，主打时尚、拍照，相比Mate系列，P系列定位更为年轻时尚；

华为Nova系列——Nova系列是华为比较年轻的一个系列，无论是在美颜自拍还是机身配色设计上都是瞄准年轻消费群体，主要与OPPO、vivo年轻化的机型竞争；

华为畅享系列——是华为品牌的低端产品，主打中低端产品，虽然配置不高，但是续航能力出众；

华为麦芒系列——该系列手机均主打运营商，相当于运营商定制机，适合结合一些运营商优惠套餐购买，普通用户如果直接购买，性价比会比较低。

华为拥有如此丰富的产品线和产品项目，同时企业投入大量的科研经费用于新产品的开发与研制，相信这是华为能够领跑通信行业的秘诀之一。

结合案例，完成以下题目：

1.从案例中，我们可以看出华为手机的产品线有（　　）条。

A. 3　　B. 4　　C. 5　　D. 6

2.企业新产品开发的程序，第一步是（　　）。

A.新产品构思　　B.筛选构思　　C.市场分析　　D.市场试销

3.下列哪一项属于新产品构思的来源？（　　）

A.电视　　B.科技人员　　C.报纸　　D.杂志

4.企业内各产品线在最终用途、生产条件、分销渠道以及其他方面互相关联的程度称为（　　）。

A.产品线宽度　　B.产品线深度

C.产品线相容度　　D.产品线广度

5.产品整体概念中的核心产品是（　　）。

A.效用和利益　　B.包装与品牌　　C.安装与维修　　D.送货与培训

案例二：上海家化联合股份有限公司是中国历史最悠久的日化企业之一，经过百年发展，公司发展成为年销售额逾50亿元的大型日化集团，产品涵盖护肤、彩妆、香氛、家用等多个领域，拥有“佰草集”“六神”“美加净”“高夫”“启初”等诸多中国知名品牌。

佰草集，是上海家化联合股份有限公司于1998年推出市场的高端品牌，是中国第一套具有完整意义的中草药中高档个人护理品牌，是现代生物科技与传统中草药精华结合的成果，并以其独树一帜的定位很快在国内化妆品市场中崛起。产品策略是市场营销战略的核心，其他营销策略都围绕产品策略展开。国际化妆品市场的众多品牌都是生化技术的结果，上海家化很清楚在生化技术上是肯定比不过国外高端品牌的，所以它将产品定位于中草药，并打着中西医相结合的旗号进行营销。因为当人们的身体处于亚健康状态时，中医疗养是最佳的选择，佰草集中草药护肤正是这一概念的延续，填补了西方化妆品的空缺。

结合案例，完成以下题目：

6.上海家化联合股份有限公司在运营公司品牌时采用的是（　　）。

A.个别品牌策略　　B.统一品牌策略

C.他人品牌策略　　D.共有品牌策略

7.在佰草集系列产品中，消费者追求的效用和利益，称之（　　）。

A.特殊产品　　B.附加产品　　C.有形产品　　D.核心产品

8.任何产品都需要有包装，那么包装在产品整体概念中属于（　　）。

A.特殊产品　　B.附加产品　　C.有形产品　　D.核心产品

9.上海家化联合股份有限公司在开发“佰草集”系列产品的初期，虽然产品的竞争者少，但是广告费用和其他营销费用开支较大，这一阶段，称之为（　　）。

A.投入期　　B.成长期　　C.成熟期　　D.衰退期

10.经过广告和试用者宣传，消费者对佰草集产品已经熟悉，许多消费者开始购买该产品，产品销量增长很快，佰草集产品即将进入产品生命周期的（　　）。

A.投入期　　B.成长期　　C.成熟期　　D.衰退期

案例三：小牛电动车作为国产品牌高端电动车的代表，致力于为全球用户提供更便捷环保的智能城市出行工具。目前，已推出小牛电动 NQi、MQi、UQi 等多个系列电动自行车、电动摩托车，周边文化产品 NIU POWER 以及专业户外运动自行车 NIU AERO 等。

作为全球领先的锂电两轮电动车企业，小牛电动开创了智能两轮电动车这个新品类。小牛电动自主研发的第 7 代动力锂电系统科技，使电池续航更远、寿命更长、重量更轻、安全性更高、动力更强；同时，小牛电动自有的 NIU INSPIRE 智能技术和大数据算法，通过遍及车身的传感器，多维度采集和分析用户数据，挖掘用户骑行需求，不断优化产品线的分布，提升产品体验及服务。

小牛电动自创办以来，保持了高速的增长，截至 2020 年第一季度，小牛电动全球累计销售超过 110 万台智能两轮电动车，小牛电动的中国特许经营店数量为1 088家，上个季度末为1 050家，其国际销售网络扩展至 33 家经销商，覆盖了 42 个国家和地区。

通过小牛电动车的成功案例，可以知道企业在拓展市场前期进行市场分析的重要性。这里包含了对营销环境的分析、市场的准确细分等，小牛电动依此才对其产品给出了明确的定位，进而取得目标消费者的认可，从而在激烈的电动车市场取得一席之地。

注：以上企业数据来源于 https://www.niu.com（小牛电动官网）和百度百科。

结合案例，完成以下题目：

11.以下属于宏观环境分析的是（　　）。

A.竞争者　　B.人口环境　　C.顾客　　D.社会公众

12.供应商、代理商、批发商、零售商、金融机构、物流企业等这类市场营销渠道企业属于企业的(　　)。

A.科学技术环境　　B.政治经济环境

C.宏观市场营销环境　　D.微观市场营销环境

13.企业在进行市场细分时准确地讲是对(　　)的细分。

A.企业产品　　B.所有消费者　　C.消费者需求　　D.某一产品

14.企业在进行市场细分时,对社会阶层、年龄、性别、职业、收入、受教育情况等变量的细分,属于(　　)。

A.地理环境细分　　B.人口因素细分　　C.心理因素细分　　D.购买行为细分

15.小牛根据竞争者现有产品在市场上所处的位置,针对消费者对该产品某种特征或属性的重视程度,强有力地塑造本企业产品与众不同、令人印象深刻的鲜明个性或形象,并且把这种形象生动地传递给顾客,从而使小牛电动车在市场上确定适当的位置,这种行为称之(　　)。

A.市场开发　　B.市场勘测　　C.市场细分　　D.市场定位

四、案例分析题(本大题共3小题,其中第一、第二题各3分,第三题9分,共15分)

脉动是乐百氏公司推出的新一派“活力型”功能饮料。这种维生素饮料最早诞生于新西兰和澳大利亚,含有多种B族活性维生素及维生素C,具有天然清新的水果味,口感清爽,很受消费者的喜爱。脉动进入中国市场以后,也延续了国外的佳绩。

脉动的热销是营销策略的全面胜利:作为功能饮料,脉动走的却是普通饮料的路线——大容量、适中价位。脉动首先是饮料,然后才是维生素饮料,定位可谓准确。其浅蓝色的差异化瓶体,拥有良好的终端展示效果,深受年轻消费者的喜爱;600毫升的大瓶体,也和普通饮料500毫升形成了明显差异;脉动推出的“维生素水”概念,正赶上黄金搭档、养生堂等大力推广维生素和矿物质的高峰;脉动清淡爽口的口感,能适应众多年轻消费者的口味;在促成脉动热销的众多原因中,“躲雨篇”电视广告功不可没,快乐、充满活力的广告片,有效传达了脉动“让自己充满活力、从容享受生活、迎接挑战”的品牌内涵……

结合案例,完成以下题目:

1.从“脉动”这种功能性饮料的定位,我们可以看出乐百氏公司在市场细分时主要采用的市场细分标准是(　　)。

A.地理环境　　B.人口因素　　C.心理因素　　D.购买行为

2.“脉动”所采用的目标市场营销策略是(　　)。

A.避强定位策略　　B.迎头定位策略

C.集中性营销策略　　D.无法判断

3.请说说目标市场营销策略的具体内容以及企业在选择目标市场营销策略应考虑的因素有哪些?

综合模拟试卷二

卷Ⅰ　合格卷

考生答题注意事项:

1.本试卷考试时间90分钟,满分150分。

2.本试卷全部为选择题。每小题选出答案后,用2B铅笔把答题卡上的相应代码涂黑,在试卷上作答无效,试卷空白处可作为草稿纸使用。

3.考试结束后,考试必须将试卷和答题卡一并交回。

4.合理安排答题空间,超出答题区域无效。

一、单项选择题(本大题共50小题,每小题2分,共100分。在每小题给出的四个选项中,只有一项符合题目要求)

1.把消费者利益、社会利益和企业利益结合起来的营销观念是(　　)。

A.推销观念　　B.市场营销观念

C.绿色营销观念　　D.社会营销观念

2.彬彬专做男式西装,以全毛料为主,在定位上避开彬彬,以低价为主,适应了大部分工薪阶层的需要,经济效益一度大大提高,这种定位策略是(　　)。

A.避强定位　　B.迎头定位　　C.重新定位　　D.相同定位

3.下列属于宏观环境要素的是(　　)。

A.消费者　　B.中间商　　C.社会文化　　D.竞争者

4.五粮液集团原先生产五粮液高档酒,后来向五粮春、五粮醇等中低档酒扩展,其采用的是(　　)策略。

A.向上延伸　　B.向下延伸　　C.双向延伸　　D.向外延伸

5.认为"顾客就是上帝"奉行的是(　　)观念。

A.推销观念　　B.市场营销观念　　C.生产观念　　D.产品观念

6.直接影响企业营销活动的环境因素是(　　)。

A.微观环境　　B.自然环境

C.科技环境　　D.政治法律环境

7.自己进货取得商品所有权后再批发出售的商业企业称为(　　)。

A.代理商　　B.零售商　　C.经纪人　　D.批发商

8.消费者购买决策过程的最后一步是(　　)。

A.认识需要　　B.收集信息　　C.购买决策　　D.购买评价

9.下列属于主要相关群体的群体是(　　)。

A.宗教组织、朋友、同事　　B.名流、朋友、家庭成员

C.家庭成员、同事、朋友　　D.生产商、销售商、消费者

10.在营销工作中,以下三项活动顺序正确的是(　　)。

A.市场细分→市场定位→选择目标市场

B.选择目标市场→市场细分→市场定位

C.市场细分→选择目标市场→市场定位

D.选择目标市场→市场定位→市场细分

11.凭学生证可以购买半价火车票,此定价策略是(　　)。

A.时间差别定价　　B.顾客差别定价

C.地点差别定价　　D.交易条件差别

12.一般来说工业品的促销工具主要是(　　)。

A.广告　　B.销售促进　　C.人员推销　　D.宣传

13.不属于消费者市场细分依据的是(　　)。

A.地理环境　　B.人口因素

C.用户规模　　D.购买行为

14.消费者购买牙膏有的是为了保持牙齿洁白,有的是为了防止牙周炎,按此来细分消费者市场的方法属于(　　)。

A.行为细分　　B.心理细分　　C.地理细分　　D.人口细分

15.市场细分是要根据消费者需求的差异性,将总体市场划分为若干不同的分市场或消费者群的方法。每个分市场都由(　　)的消费者群体构成。

A.需求倾向相似　　B.需求倾向不同

C.收入水平相似　　D.兴趣爱好相同

16.宝洁公司有包括洗衣粉、牙膏、肥皂、纸尿布、纸巾在内5个产品线,其中“5”代表的是企业的产品组合的(　　)这一维度。

A.宽度　　B.深度　　C.长度　　D.黏度

17.改进产品、拓宽市场、适时降价等决策适用于产品生命周期的(　　)。

A.投入期　　B.成长期　　C.成熟期　　D.衰退期

18.以人员推销为主,辅之以中间商销售促进,兼顾消费者的销售促进,把商品推向市场的促销策略,其目的是说服中间商与消费者购买企业产品,并层层渗透,最后到达消费者手中。这种促销策略是(　　)。

A.拉式策略　　B.平式策略　　C.推式策略　　D.滚式策略

19.在投入期中,快速渗透策略是以(　　)的方式推出新产品,以期迅速打入市场并取得最大的市场份额。

A.高价格高促销　　B.低价格高促销

C.高价格低促销　　D.低价格低促销

20.把电风扇的普通开关改成遥控开关,电视机换上新包装。这类新产品属于(　　)。

A.全新产品　　B.换代新产品
C.改进新产品　　D.地域性新产品

21.对保存期短,易于腐烂变质和易碎商品,应尽可能采用(　　)。

A.长渠道　　B.短渠道　　C.多渠道　　D.窄渠道

22.生产汽车的企业与房地产公司是(　　)。

A.愿望竞争者　　B.普通竞争者
C.产品形式竞争者　　D.品牌竞争者

23.下列各项中,影响消费者需求变化的最活跃因素是(　　)。

A.人均国民生产总值　　B.个人收入
C.个人可支配收入　　D.个人可任意支配收入

24.(　　)又称“刺激—反应”策略,是指推销人员利用刺激性较强的方法引发顾客购买行为的一种推销策略。

A.针对性策略　　B.试探性策略
C.诱导性策略　　D.自发性策略

25.宝洁公司为其洗衣粉设计汰渍、碧浪品牌,洗发水设计海飞丝、潘婷、飘柔等相互竞争的品牌,采用的是(　　)。

A.统一品牌策略　　B.个别品牌策略
C.多品牌策略　　D.品牌扩展策略

26.自行车的核心产品是(　　)。

A.漂亮的外形　　B.优良的质量
C.满足交通便捷的需要　　D.周到的服务

27.企业对按预定日期付款或现金购买的顾客给予的折扣称为(　　)。

A.现金折扣　　B.数量折扣　　C.功能折扣　　D.季节折扣

28.某商贩在卖东西时,对于买主觉得价格太高、希望降价的要求通常作这样的解释:“这货进价就高,赚不了几个钱。”如果此话可信,可以推断该商贩所用的定价方法是(　　)。

A.随行就市法　　B.成本加成定价法
C.理解价值定价法　　D.心理定价法

29.“生产者—批发商—零售商—消费者”这一渠道称为(　　)。

A.一级渠道　　B.二级渠道　　C.三级渠道　　D.四级渠道

30.在新产品上市或商品还不为顾客所熟悉的情况下,通过赠送小包装样品,让顾客广泛接触商品,这是(　　)营业推广方式。

A.有奖销售　　B.免费样品　　C.特殊包装　　D.商品陈列

31.顾客购买某种商品100件以下的单价为10元,100件以上的单价为9元,这种折扣属于(　　)。

A.现金折扣　　B.季节折扣　　C.交易折扣　　D.数量折扣

32.利用顾客求廉的心理,特意将某几种商品的价格定得较低以吸引顾客,是采用(　　)策略。

A.撇脂定价　B.折扣定价　C.差别定价　D.招徕定价

33.下列属于需求导向定价法的是(　　)。

A.成本加成定价法　B.理解价值定价法

C.随行就市定价法　D.追随定价法

34.某服装店的月租金 2 000 元,预计每月可销售 100 件服装,每件服装进货成本 50 元,每件服装利润 10 元,该店应确定的服装售价为每件(　　)。

A. 50 元　B. 60 元　C. 70 元　D. 80 元

35.改革产品、市场改进和营销组合改进等决策适用于产品生命周期的(　　)。

A.投入期　B.成长期　C.成熟期　D.衰退期

36.在产品生命周期的导入期中,缓慢撇脂策略以(　　)的方式推出新产品。

A.高价格高促销　B.低价格高促销

C.高价格低促销　D.低价格低促销

37.四个相扣的圆环是奥迪的(　　)。

A.品牌名称　B.品牌标志　C.品牌象征　D.品牌图案

38.企业欲在产品分销过程中占有更大的货架空间来为获得较高的市场占有率奠定基础,一般会选择(　　)策略。

A.统一品牌　B.分类品牌　C.多品牌　D.复合品牌

39.市场细分是以消费需求(　　)理论为基础。

A.同质性　B.异质性　C.变化性　D.不满足性

40.企业选择靠近现有竞争者或与其重合的市场位置,争夺同样的目标顾客,是一种(　　)定位策略。

A.迎头　B.避强　C.重新　D.集中

41.采用无差异性市场营销策略的最大优点是(　　)。

A.市场占有率高　B.成本的经济性

C.市场适应性强　D.需求满足程度高

42.消费者从商品包装和说明书上获得的信息,属于(　　)。

A.商业来源　B.个人来源　C.公众来源　D.经验来源

43."与其在大市场中占领小份额,不如在小市场中占领大份额"。这属于(　　)目标市场营销策略。

A.无差异性　B.差异性　C.集中性　D.相关性

44.集中性目标市场策略的优点是(　　)。

A.能形成规模效益　B.提高消费者重复购买率

C.容易在这个市场取得有利地位　D.减少经营风险

45.(　　)包括经济发展水平、地区与行业的发展状况、居民收入水平、消费支出模式和消费结构的变化等。

A.人口环境　B.科技环境

C.自然环境　D.经济环境

46.当前,消费者可以通过互联网来订购车船机票和购买产品,这要求企业在制定市场营销组合战略时还应当着重考虑(　　)因素。

A.人口环境　　B.技术环境　　C.经济环境　　D.社会文化环境

47.下列表述中,反映推销观念的是(　　)。

A.我能生产什么,就卖什么

B.我生产什么,就卖什么

C.我卖什么,就设法让人买什么

D.顾客需要什么,我就生产什么

48.通过市场调查发现,保健品市场的兴起是由人们的观念引起的,这一因素属于宏观环境中的(　　)。

A.经济因素　　B.技术因素　　C.社会文化因素　　D.人口因素

49.生产观念的营销手段是(　　)。

A.提高产品质量　　B.加强销售和促销

C.最大限度地满足市场需要　　D.提高生产效率

50.市场营销学上说的需求是指(　　)。

A.没有得到某些基本满足的感受状态

B.具有支付能力并且愿意购买的某个具体产品的欲望

C.想得到某些基本需要的具体满足物的愿望

D.推动人们进行各种活动的愿望与理想

二、判断题(本大题共 25 小题,每小题 2 分,共 50 分。正确的选 A,错误的选 B)

1.生产成本是制定价格的最低界限,所以在任何时候,产品的价格都不能低于成本。(　　)

A.正确　　B.错误

2.推销观念的致命之处在于舍本逐末,把推销工作摆在首位而轻视了其他营销工作,把强行推销和铺天盖地的广告当成是市场营销的全部。(　　)

A.正确　　B.错误

3.市场营销环境分析常用 SWOT 分析法,其中 O 代表企业威胁,指的是市场上存在的或潜在对企业可能不利的发展趋势。(　　)

A.正确　　B.错误

4.服装市场可根据消费者年龄、性别、职业、收入、个性、购买动机等进行市场细分。(　　)

A.正确　　B.错误

5.企业营销人员要了解目标市场消费者的宗教信仰状况,要重视不同的宗教信仰与禁忌,从而把握机会或采取措施避免或减少危险,趋利避害地开展营销活动。(　　)

A.正确　　B.错误

6.核心产品是为消费者提供的基本利益和效用,反映人们购买产品的真正目的。(　　)

A.正确　　B.错误

7.针对水利工程技术人员的产品，应选择专业杂志为媒体；针对儿童玩具，最好选择电视作为媒体。（　　）

A.正确　　B.错误

8.功能折扣主要是针对中间商的一种折扣形式，根据中间商担负的功能和承担的市场风险大小给予不同的价格折扣。（　　）

A.正确　　B.错误

9.在销售过程中利用两个或以上中间商分销产品的是长渠道。（　　）

A.正确　　B.错误

10.长渠道的优点是能有效地扩大市场覆盖面，扩大商品销售；能充分利用中间商的职能，市场风险小。（　　）

A.正确　　B.错误

11.通常企业对人们的日常生活必需品采用选择性分销策略更为合适。（　　）

A.正确　　B.错误

12.人员推销的缺点在于支出较大、成本较高，同时对推销人员的要求较高，培养较困难。（　　）

A.正确　　B.错误

13.俗话说："买卖不成，仁义在。"这是指人员推销这种促销方式与其他促销方法相比更具有情感性。（　　）

A.正确　　B.错误

14."配方—成交"策略是在不了解顾客的情况下，推销者运用刺激手段引发顾客产生购买行为的策略。（　　）

A.正确　　B.错误

15. STP中"P"代表市场细分。（　　）

A.正确　　B.错误

16.生产观念注重的是生产，推销观念注重的是推销，因而两者的经营指导思想在本质上是不同的。（　　）

A.正确　　B.错误

17.企业占领目标市场的方式中，全面涵盖是指企业同时向各个顾客群供应一种产品。（　　）

A.正确　　B.错误

18.集中性营销策略除了适用于同质市场的产品开发，主要适用于有广泛需求的、能够大量生产、大量销售的产品。（　　）

A.正确　　B.错误

19.为了在市场上树立起本企业的产品形象，企业在进行市场定位时必须和竞争者的产品针锋相对，争夺同一细分市场。（　　）

A.正确　　B.错误

20.只讲产品组合深度，不讲产品组合宽度的商店一般是专业店。（　　）

A.正确　　B.错误

21.某商场顾客购满500元减100元,属于典型的有奖销售。(　　)

A.正确　　B.错误

22.一般情况下,单位产品价值与分销渠道的长短、宽窄成正比例关系。(　　)

A.正确　　B.错误

23.在产品投入期,采用"快速掠夺"策略是为了薄利多销,便于企业长期占领市场。(　　)

A.正确　　B.错误

24.在产品组合定价策略中,根据补充产品定价原理,制造商经常为主要产品制定较低的价格,而对附属产品制定较高的价格。(　　)

A.正确　　B.错误

25.中间商是指从事商品交易业务,在商品买卖过程中拥有产品所有权的企业或个人。(　　)

A.正确　　B.错误

卷Ⅱ　等级卷

考生答题注意事项:

1.本试卷考试时间60分钟,满分100分。

2.选择题每小题选出答案后,用2B铅笔把答题卡上的相应代码涂黑,在试卷上作答无效,试卷空白处可作为草稿纸使用。

3.考试结束后,考试必须将试卷和答题卡一并交回。

4.合理安排答题空间,超出答题区域无效。

第一部分　选择题

一、单项选择题(本大题共20小题,每小题2分,共40分。在每小题给出的四个选项中,只有一项符合题目要求)

1.傍晚时分,老王夫妇坐了两天一夜的火车,从福建的工作地回到了东北老家的县城,感觉非常饿,他们不禁又想起了"中国大酒店"那丰盛可口的菜肴,请问老王夫妇的这种状态属于(　　)。

A.欲望　　B.需要　　C.需求　　D.以上都是

2."企业必须在第一时间发现市场需求,并在第一时间满足需求,这样企业才能在竞争中制胜。"这句话体现的市场营销哲学是(　　)。

A.推销观念　　B.市场营销观念　　C.生产观念　　D.产品观念

3.企业利用SWOT分析法形成的"冒险型"业务说明(　　)。

A.机会大、威胁大　　B.机会小、威胁小

C.机会大、威胁小　　D.机会小、威胁大

4.消费者从大众传媒或消费者保护组织等处获得的信息,属于(　　)。

A.商业来源　　B.个人来源　　C.公共来源　　D.经验来源

5.某顾客由于上下班路途较远,想买一个代步工具。此时,电动车与小轿车之间构成(　　)关系。

A.愿望竞争者　　B.一般竞争者

C.产品形式竞争者　　D.品牌竞争者

6.小张的手机坏了,准备新购一部手机,他上网搜索了一番,还是拿不定主意,想听听朋友小明的建议。这时,小张处于购买决策的(　　)阶段。

A.引起需要　　B.寻找信息　　C.购买决策　　D.评估比较

7.把服装市场划分为"传统型""新潮型""严肃型"和"活泼型"采取的市场细分依据是(　　)。

A.行为细分　　B.人口细分　　C.地理细分　　D.心理细分

8.渠道长度是指产品从生产领域流转到消费领域过程中所经过的(　　)的数量。

A.渠道类型　　B.同类型中间商

C.不同类型中间商　　D.储运服务商

9."费列罗"巧克力瞄准了(　　)这一目标市场,采取了"高位定价、重视情感需求、提升精品形象、采用特殊高级通道"的策略,从而在消费者心目中形成了"至上品质、高贵形象"的定位。

A.追求低品质生活的低消费阶层　　B.追求高品质生活的高消费阶层

C.追求高品质生活的低消费阶层　　D.追求低品质生活的高消费阶层

10.食品厂原来有罐头和饼干两条产品线,目前又增加了坚果这一产品线。我们称该厂增加了产品组合的(　　)。

A.宽度　　B.长度和深度

C.深度　　D.一致性

11.洗衣机从机械机发展到全自动洗衣机,这属于(　　)。

A.全新产品　　B.换代新产品

C.改进新产品　　D.地域性新产品

12.奥美广告公司的创始人戴维·奥格维曾经说过:"任何傻瓜都会做成一笔生意,然而,创建一个品牌却需要天才、信誉和毅力。"品牌作为企业的一项重要的无形资产,企业必须对此进行妥善管理,使其权益没有折旧。某公司继成功提出"白猫"洗衣粉后,又相继推出"白猫"丝毛洗涤剂和"白猫"喷洁净等产品,这属于(　　)。

A.个别品牌策略　　B.多品牌策略

C.品牌扩张策略　　D.主副品牌共用策略

13.在渠道设计中,产品体积大、单位价值高、技术性强、较为耐用的新产品,一般采取(　　)。

A.短渠道　　B.长渠道　　C.窄渠道　　D.宽渠道

14.在强大的市场竞争压力下,企业一般考虑降价的情形是(　　)。

A.产品成本提高　　B.通货膨胀

C.产品成本比竞争者低　　D.产品供不应求

15.如果一个垄断企业面对的需求价格弹性很小,它将(　　)。

A.降低价格,增加收益　　B.提高价格,增加收益
C.降低价格,降低收益　　D.提高产量,降低价格

16.市场上的大部分人不喜欢某产品,甚至宁愿付出一定代价来躲避该产品。这种需求叫作(　　)。

A.负需求　　B.无需求　　C.潜在需求　　D.下降需求

17.某产品组合中有产品线 6 条,产品项目共 27 个,则产品组合的长度和深度分别为(　　)。

A. 6,27　　B. 27,6　　C. 27,4.5　　D. 6,4.5

18.从事购买或销售或两者兼备职能,但不取得商品所有权的商业单位是(　　)。

A.商人和批发商　　B.经纪人和代理商
C.制造商销售办事处　　D.完全服务批发商

19.企业针对最后消费者展开促销攻势,使消费者产生需求,进而向零售商要求购买该产品,零售商则向批发商要求购买该产品,批发商最后向企业购买该产品的策略是(　　)。

A.推式策略　　B.拉式策略　　C.营业策略　　D.公关策略

20.下列各种促销手段中,不属于营业推广形式的是(　　)。

A.赠送样品　　B.有奖销售　　C.推销介绍　　D.推销竞赛

二、多项选择题(本大题共 5 小题,每小题 3 分,共 15 分。在每小题给出的五个选项中,有两个或两个以上选项符合题目要求。多选、错选、漏选均不得分)

1.以下属于营销中介的是(　　　)。

A.中间商(批发商、代理商、零售商)
B.物流配送公司(运输、仓储)
C.市场营销服务机构(广告、咨询、调研)
D.供应商(直接、外协)
E.金融机构(银行、信贷公司)

2.产品生命周期中成长期的特征有(　　　)。

A.企业产品销售量快速增长,单位产品成本也快速下降
B.竞争者很多,市场竞争最为激烈
C.市场细分化,竞争者不断增加
D.市场容量达到最大,企业收益最高
E.产品价格大幅度下降

3.企业采用撇脂定价策略应具备的条件是(　　　)。

A.新产品比市场上现有产品有显著的优点
B.商品的需求价格弹性较小
C.竞争对手少
D.新产品较难被仿制
E.产品的生产成本低

4.影响分销渠道选择的企业自身因素包括(　　　)。

A.声誉与资金　　B.管理能力与经验
C.控制分销渠道的要求　　D.为中间商提供服务
E.政策因素

5.下列属于产品降价原因的有(　　　)。
A.急需回笼资金　　B.产品供过于求
C.企业产能过剩,产品积压　　D.产品供不应求
E.通货膨胀

三、案例选择题(本题共三大题,每大题5小题,每小题2分,共30分。在每小题给出的四个选项中,只有一项符合题目要求)

案例一:仿真大理石浴盆

某化学家发明了一种前所未有的新型材料,它凝固后能变成仿真大理石。营销部门认为这种新型材料可用来生产雅洁好看的浴盆,于是他们生产了几种浴盆模型,在浴盆展销会上展出,并设法说服浴盆生产商使用此材料来生产浴盆。尽管生产出来的浴盆很有吸引力,但却未能签订合同。原因很简单:一方面,这个浴盆卖价将近2 000美元,很多普通浴盆的售价只有500美元左右,2 000美元这个价格消费者可以买到真正大理石或玛瑙做的浴盆;另一方面,这种浴盆很重,浴室的地板必须加固,从而增加费用。因此很少有人愿意花钱购买这种浴盆。

结合案例,完成以下题目:

1.该化学家发明的新型材料属于以下哪种新产品?(　　)
A.全新产品　　B.革新产品　　C.改进产品　　D.仿制新产品

2.仿真大理石浴盆的营销反映的是(　　)观念。
A.生产观念　　B.产品观念　　C.推销观念　　D.市场营销观念

3.该营销部门认为(　　)。
A.只要产品质量好,就不愁产品卖不出去
B.只要大力推销,消费者就会接受企业的产品
C.从消费者需求出发生产产品是推销的基础
D.应统筹兼顾企业、消费者和社会的利益

4.该浴盆未能签订合同的主要原因是(　　)。
A.市场不了解产品　　B.浴盆售价过高
C.没有了解市场需求　　D.浴盆太重

5.仿真大理石浴盆的售价高达2 000美元,这采用的新产品定价策略是(　　)。
A.撇脂定价策略　　B.渗透定价策略
C.满意定价策略　　D.均匀定价策略

案例二:大宝SOD蜜

大宝是北京三露厂生产的护肤品,在国内化妆品市场竞争激烈的情况下,大宝不仅

没有被击垮,而且逐渐发展成为国产名牌。“大宝”系列化妆品 1985 年诞生至今,适应了不同时期、不同层次的消费需求,已陆续形成护肤、洗发、美容修饰、香水、特殊用途共五大类产品。

按普通工薪阶层能接受的价格定价,其主要产品“大宝 SOD 蜜”刚上市时零售价不超过 10 元,日霜和晚霜也不过是 20 元。三露厂在全国大中城市精选有影响的百货商场,并在其中设置专柜,以此销售自己的产品。截至目前,大宝在全国共有 102 个产品销售专柜,并培训了众多的信息员、导购员和电脑测试员在专柜前从事销售工作。在宣传方面,三露厂选择了中央电视台二套播放广告。

结合案例,完成以下题目:

6.“大宝”系列化妆品 1985 年诞生至今,已陆续形成护肤、洗发、美容修饰、香水、特殊用途共五大类产品,这体现的是产品组合的(　　)。

A.长度　　B.宽度　　C.深度　　D.关联度

7.本案例中“大宝 SOD 蜜”刚上市时零售价不超过 10 元,日霜和晚霜也不过是 20 元。这是(　　)。

A.撇脂定价策略　　B.渗透定价策略

C.差别定价策略　　D.折扣定价策略

8.在销售渠道上,大宝选择的是(　　)渠道。

A.密集分销　　B.选择分销　　C.独家分销　　D.直接渠道

9.在案例中,大宝培训了众多的信息员、导购员和电脑测试员在专柜从事销售工作,是利用促销组合的(　　)。

A.广告　　B.营业推广　　C.人员推销　　D.公共关系

10.大宝选择了(　　)为其广告的主要媒介。

A.网络　　B.电视　　C.杂志　　D.报纸

案例三:“米勒好生活”牌啤酒

米勒酿酒公司调查了美国的啤酒消费者,发现有一类啤酒消费者是男性年轻人,他们主要是蓝领工人,同时还发现,这些蓝领工人是在酒吧间里和同伴一起喝酒,而不是在家里和妻子一起饮用。针对此类消费者,米勒酿酒公司推出了“米勒好生活”牌啤酒——一种适应工人口味的新啤酒。为了使人们问津“好生活”牌啤酒,公司设计了一个旨在吸引蓝领工人的广告宣传运动,并为此投入了大量财力。米勒的广告对石油、钢铁、铁路等行业的工人的工作大加赞美,把他们描绘成健康的、干着重要工作的工人。为进一步打开市场,米勒酿酒公司开展有奖销售活动;同时,也进行了一系列的公益活动和赞助活动。

结合案例,完成以下题目:

11.米勒酿酒公司的目标市场是(　　)。

A.男性年轻人　　B.蓝领工人

C.白领男性　　D.在酒吧喝酒的蓝领男性工人

12.米勒酿酒公司的目标市场策略是(　　)。

A.无差异性营销　　B.差异性营销

C.集中性营销　　D.综合性营销

13.这种目标市场策略的优点是(　　)。

A.能形成规模效益　　B.提高消费者重复购买率

C.容易在这个市场取得有利地位　　D.减少经营风险

14.这种目标市场策略的缺点是(　　)。

A.共性市场的竞争激烈,较小市场的需求得不到满足

B.风险大,一旦市场发生变化,企业会陷入困境

C.使企业生产成本和营销成本增加

D.企业的资源配置不能有效集中

15.根据案例,为了促进销售,米勒酿酒公司进行的一系列促销活动中不包括(　　)。

A.广告　　B.人员推销　　C.营业推广　　D.公共关系

第二部分　非选择题

四、案例分析题(共 15 分)

日本江崎糖业公司

日本泡泡糖市场年销售额约为 740 亿日元,其中大部分为“劳特”所创造。可谓江山唯“劳特”独坐,其他企业想挤进泡泡糖市场谈何容易。但江崎糖业公司对此却并不畏惧。该公司成立了市场开发部门,专门研究霸主“劳特”产品的不足之处,寻找市场的缝隙。经过周密的调查分析,他们终于发现“劳特”的四点不足:第一,以成年人为对象的泡泡糖市场不断扩大,而“劳特”却仍旧把重心放在儿童泡泡糖市场上;第二,“劳特”的产品比较单一,主要是果味型泡泡糖,而现在的消费者的需求正在多样化;第三,“劳特”多年来一直生产条板状的泡泡糖,缺乏创新;第四,“劳特”产品的价格是 110 日元,顾客在购买时需要支付硬币或找零,往往会感到不便。

通过分析,江崎糖业公司决定以成人泡泡糖市场为目标市场,并制定了相应的市场营销策略。不久,江崎糖业公司便推出了四款功能性泡泡糖:一是司机用泡泡糖,加入了高浓度薄荷和天然牛黄,以强烈的刺激消除司机的困倦;二是交际用泡泡糖,可清洁口腔,祛除口臭;三是运动型泡泡糖,内含多种维生素,可以帮助消除疲劳;四是舒缓型泡泡糖,通过添加叶绿素来帮助改善食用者的不良情绪。江崎糖业公司还精心设计了产品的包装,这四款产品一经推出就像飓风一样席卷全日本。江崎公司由此成功挤进由“劳特”独霸的泡泡糖市场,并且市场份额达到 25%,当年的销售额达 175 亿日元。

结合案例，完成以下题目：

1.目标市场营销策略的种类有哪些？江崎糖业公司采用的是哪一种营销策略？(5分)

2.江崎糖业公司采用的市场定位策略是什么？

要求：从市场定位的概念(2分)、市场定位策略的种类(4分)、江崎糖业公司采用的市场定位策略(2分)及该策略的好处(2分)等方面来作答。

综合模拟试卷三

卷Ⅰ　合格卷

考生答题注意事项：

1.本试卷考试时间90分钟，满分150分。

2.本试卷全部为选择题。每小题选出答案后，用2B铅笔把答题卡上的相应代码涂黑，在试卷上作答无效，试卷空白处可作为草稿纸使用。

3.考试结束后，考试必须将试卷和答题卡一并交回。

4.合理安排答题空间，超出答题区域无效。

一、单项选择题（本大题共50小题，每小题2分，共100分。在每小题给出的四个选项中，只有一项符合题目要求）

1.只强调“祖传秘方”是一种（　　）。

A.生产观念　　B.产品观念

C.市场营销观念　　D.推销观念

2.市场营销学上的市场是（　　）。

A.商品交换的场所　　B.消费者的需求

C.交换关系的总和　　D.交换和交易

3.现代营销观念的出发点是（　　）。

A.增产或推销　　B.整体营销

C.以需定产　　D.顾客需求

4.传统营销观念的方法是（　　）。

A.整体营销　　B.扩大销售获利

C.增产或推销　　D.满足需求获利

5.企业的微观环境因素中属于营销中介的是（　　）。

A.竞争者　　B.供应商

C.顾客　　D.物流企业

6.下列属于影响企业营销活动的社会文化环境因素的是（　　）。

A.经济发展状况　　B.价值观念

C.交通位置　　D.经纪人

7.马斯洛需求层次理论中“爱与归属的需要”指的是（　　）。

A.安全需要　　B.社交需要

C.自我实现的需要　　D.尊重需要

8.国籍属于市场细分变量中的(　　)。

A.地理因素　　B.心理因素　　C.行为因素　　D.人口因素

9.产品本身很好,但是为了进一步扩大市场占有率,能有效地与竞争对手相抗衡进行的定位是(　　)。

A.避强定位　　B.填补空缺定位

C.重新定位　　D.迎头定位

10.企业生产低端、中端、高端手机只供应高收入群体。这种选择市场的方式为(　　)。

A.产品专业化　　B.市场专业化

C.全面覆盖　　D.选择性专业化

11.拥有广泛需求,并且可以大量生产、大量销售的产品应该使用(　　)。

A.大量市场营销　　B.密集型营销

C.差异性营销　　D.无差异营销

12.海尔集团在其电冰箱产品上使用主品牌"海尔",并设有小王子、大王子、小小王子等副品牌,属于(　　)策略。

A.主副品牌共用　　B.多品牌　　C.统一品牌　　D.个别品牌

13."两面针"品牌属于(　　)。

A.动植物品牌　　B.地名品牌　　C.无含义品牌　　D.人名品牌

14.购买产品可以使用信贷并享受上门安装和维修服务,属于产品整体概念中的(　　)。

A.核心产品　　B.附加产品　　C.有形产品　　D.劳动产品

15.企业拥有所有的产品项目,称为产品组合的(　　)。

A.关联性　　B.长度　　C.深度　　D.宽度

16.属于企业进行积累的重要来源,反映企业生产经营活动效果的重要指标的是(　　)。

A.税金　　B.生产成本　　C.利润　　D.流通费用

17.在同质市场中,竞争对手降价,我们也降价,属于(　　)。

A.主动降价　　B.主动提价　　C.应变调价　　D.主动调价

18.某专卖店将衣服价格定为20 000元整,是采用(　　)。

A.尾数定价　　B.整数定价　　C.习惯定价　　D.组合定价

19.将不同时间、不同地点、不同产品和不同消费者作为定价依据的定价方法叫作(　　)。

A.系列价格定价法　　B.理解价值定价法

C.通行价格定价法　　D.需求差异定价法

20.下列拥有商品所有权的是(　　)。

A.寄售商　　B.经纪人　　C.批发商　　D.企业代理商

21.根据同一层次中间商的多少,分销渠道可分为(　　)。

A.直接渠道和间接渠道　　B.宽渠道和窄渠道

C.长渠道和短渠道　　D.单渠道和双渠道

22.为了控制商品的零售价格水平、保证商品的新鲜程度、体现商品的时尚性等,企业只有尽可能地采用(　　)。

A.长渠道　　B.短渠道　　C.宽渠道　　D.窄渠道

23.产品单位价值量低,一次销售数量却很大的产品,如工业生产原料适合采用(　　)。

A.长渠道　　B.宽渠道　　C.短渠道　　D.单渠道

24.广告是一种市场信息的(　　)的沟通方式。

A.反向　　B.正向　　C.多向　　D.单向

25.买者少而集中的工业品,更适合采用的促销方式是(　　)。

A.公共关系　　B.销售促进　　C.人员推销　　D.广告

26.把产品引进分销渠道,以中间商为主要促销对象,这是(　　)。

A.拉引策略　　B.推动策略　　C.平式策略　　D.滚式策略

27.下列具有形象生动,表现手法多样,艺术水平高,可重复观看的广告是(　　)。

A.广播广告　　B.杂志广告　　C.电视广告　　D.报纸广告

28. STP 战略中不包括(　　)。

A.市场细分　　B.市场定位

C.产品生命周期　　D.目标市场

29.消费者的生活方式会影响其购买行为,这项影响因素是(　　)。

A.人口因素　　B.个人因素　　C.社会因素　　D.心理因素

30.市场中名牌商品价格一般高于同类商品,这是一种(　　)定价。

A.撇脂　　B.整数　　C.声望　　D.招徕

31.按照消费者购买或使用某种产品的动机、使用者的情况及所追求的利益不同来细分市场称为(　　)。

A.心理细分　　B.地理细分　　C.人口细分　　D.购买行为细分

32.同一细分市场的顾客需求具有(　　)。

A.绝对的共同性　　B.较多的共同性

C.较少的共同性　　D.较多的差异性

33."宁可食无肉,不可居无竹"的生活方式属于(　　)这一细分标准。

A.人口　　B.地理　　C.心理　　D.购买行为

34.企业希望自己开拓和占领的、能为自己带来最大的经济效益的细分市场称为(　　)。

A.市场细分　　B.目标市场　　C.市场定位　　D.消费者市场

35.下列新产品中失败率最高、风险最大的是(　　)。

A.全新产品　　B.换代新产品　　C.改进型新产品　　D.地域性新产品

36.市场出现了在糖果中附赠唐老鸭、米老鼠等塑料玩具的包装,很受儿童欢迎,这是一种(　　)。

A.统一包装策略　　B.再使用包装策略

C.分档包装策略　　D.附赠品包装策略

37.为使企业生产的产品适应不同购买力水平或不同顾客的购买心理,应采取(　　)包装策略。

A.等级包装策略　　B.附赠品包装策略

C.配套包装策略　　D.再使用包装策略

38.当企业的产品品种较多,生产条件、技术专长等在各种产品上又有较大差别时,采用(　　)策略较为有利。

A.个别品牌　　B.统一品牌　　C.品牌扩展　　D.更换品牌

39.开发新产品程序的第一步是(　　)。

A.效益评价　　B.产品研制　　C.收集构思　　D.商业分析

40.以下不属于影响企业定价的外部因素的是(　　)。

A.竞争因素　　B.政府干预　　C.消费者需求　　D.成本

41.新手机上市,适合采用哪种策略?(　　)

A.撇脂定价　　B.渗透定价　　C.满意定价　　D.均匀定价

42.当产品市场需求富有弹性且生产成本和经营费用随着生产经营经验的增加而下降时,企业便具备了(　　)的可能性。

A.渗透定价　　B.撇脂定价　　C.尾数定价　　D.招徕定价

43.企业不通过流通领域的中间环节,采用产销合一的经营方式,直接将商品卖给消费者的是(　　)。

A.直接渠道　　B.间接渠道　　C.宽渠道　　D.窄渠道

44.生产者在一定时期内只选择几家批发商和零售商推销本企业的产品,这是一种(　　)分销策略。

A.密集型　　B.选择性　　C.独家　　D.联合

45.在流通过程中,大批购进商品去售于客户或转卖给生产性企业用于生产性消费的组织或个人叫作(　　)。

A.制造商　　B.零售商　　C.经纪人　　D.批发商

46.人员推销的缺点主要表现为(　　)。

A.成本低,顾客量大　　B.成本高,顾客量大

C.成本低,顾客有限　　D.成本高,顾客有限

47.一般说来,人员推销有上门推销、柜台推销和(　　)三种形式。

A.宣传推销　　B.会议推销　　C.协作推销　　D.节假日推销

48."配方—成交"策略是指(　　),主要是在(　　)使用。

A.试探性　对顾客了解不够充分时

B.针对性　掌握顾客需求的前提下

C.试探性　掌握顾客需求的前提下

D.针对性　对顾客了解不够充分时

49.适合采用直接分销渠道的是(　　)。

A.罐装饮料　　B.化妆品　　C.大型机械　　D.笔记本电脑

50.在零售企业中,商品陈列与展示是一种常用的营业推广策略,这种策略应用主要是针对(　　)。

A.中间商　　B.推销人员　　C.制造商　　D.消费者

二、判断题(本大题共25小题,每小题2分,共50分。正确的选A,错误的选B)

1.企业的竞争者指的是同行业的其他企业。(　　)

A.正确　　B.错误

2.我国人口正逐步呈现老龄化的趋势,这对所有企业来说都是一个严重的威胁。(　　)

A.正确　　B.错误

3.生产资料市场是指为了满足个人或家庭而提供商品或服务的场所。(　　)

A.正确　　B.错误

4.市场细分的基础是消费者需求的多样性。(　　)

A.正确　　B.错误

5.社会阶层是根据人们的性别、年龄、信仰、风俗习惯进行划分的。(　　)

A.正确　　B.错误

6.产品生命周期是指产品的使用寿命或物质寿命。(　　)

A.正确　　B.错误

7.通过对产品线内产品项目的填补可以增加产品组合的深度。(　　)

A.正确　　B.错误

8.当处于同质市场时,别的企业降价,我们可以提价。(　　)

A.正确　　B.错误

9.产品群定价就是针对消费者比较价格的心理,将同类的价格有意识地分档拉开。(　　)

A.正确　　B.错误

10.中间商介入可以节约成本,提高效率。(　　)

A.正确　　B.错误

11.如果企业采用推动策略,则广告的作用较明显;如果采用拉引策略,则人员推销的作用比较大。(　　)

A.正确　　B.错误

12.电视广告有声无形,转瞬即逝。(　　)

A.正确　　B.错误

13.差异性营销的优点是易于满足特定需求,有助于提高企业与产品知名度,资金占用少,周转快。(　　)

A.正确　　B.错误

14.需求差异定价法是一种卖方定价导向。(　　)

A.正确　　B.错误

15. 315消费者协会属于媒介公众。(　　)

A.正确　　B.错误

16.无差异性营销适用于具有广泛需求,能够大量生产、销售的产品。(　　)

A.正确　　B.错误

17.市场细分对中小企业尤为重要。(　　)

A.正确　　　　B.错误

18.从市场营销角度看，只有采用新原理、新结构、新技术、新材料等制成的，前所未有的产品才能成为新产品。(　　)

A.正确　　　　B.错误

19.品牌是指企业名称当中不能用语言称谓，只能通过人们的视觉或触觉加以辨识，使用图案、符号、颜色等表示的部分。(　　)

A.正确　　　　B.错误

20.为鼓励顾客购买更多物品，企业给那些大量购买产品的顾客的一种减价称为差别定价策略。(　　)

A.正确　　　　B.错误

21.沃尔玛零售集团在我国采用的是声望定价策略。(　　)

A.正确　　　　B.错误

22.直接分销渠道不经过任何中间商，所以不存在商品所有权的转移。(　　)

A.正确　　　　B.错误

23.由于人员推销是一个推进商品交换的过程，所以买卖双方建立友谊、密切关系是公共关系，而不是推销活动要考虑的内容。(　　)

A.正确　　　　B.错误

24.报纸广告具有费用低廉、制作方便的优势。(　　)

A.正确　　　　B.错误

25.对单位价值低，流通环节较多，流通渠道较长，市场需求较大的产品，一般采用拉式策略。(　　)

A.正确　　　　B.错误

卷Ⅱ　等级卷

考生答题注意事项：

1.本试卷考试时间60分钟，满分100分。

2.选择题每小题选出答案后，用2B铅笔把答题卡上的相应代码涂黑，在试卷上作答无效，试卷空白处可作为草稿纸使用。

3.考试结束后，考试必须将试卷和答题卡一并交回。

4.合理安排答题空间，超出答题区域无效。

第一部分　选择题

一、单项选择题(本大题共20小题，每小题2分，共40分。在每小题给出的四个选项中，只有一项符合题目要求)

1.下列对各种营销观念的阐述错误的是(　　)。

A.生产观念是一种以产定销，以生产为中心，致力于扩大生产，提高产量，降低成本

的营销理念

B.产品观念针对消费者对产品需求的增加,不断提高生产效率,易患营销近视症

C.推销观念注重激励销售,主要任务是积极推销和进行大量促销活动

D.持市场营销观念的企业,一切计划与策略以消费者为中心,满足目标市场的需要和欲望

2.当前石油价格波动对全球经济造成了巨大的影响,对于企业来说,这就是(　　)的影响。

A.自然环境　　B.社会环境　　C.经济环境　　D.政治环境

3.在春节、中秋节、情人节等节日即将来临的时候,许多商家都大做广告,以促销自己的产品,他们对市场进行细分的方法是(　　)。

A.人口细分　　B.行为细分　　C.地理细分　　D.心理细分

4.关于恩格尔系数的说法,错误的是(　　)。

A.恩格尔系数是德国统计学家恩格尔提出的

B.我国在2014年城镇家庭恩格尔系数为36%,表明我国城市人口的生活达到富裕水平

C.恩格尔系数表明,随着家庭收入的减少,家庭用于购买食品的支出占家庭收入的比重会逐渐下降

D.恩格尔系数越高,表明一个国家的生活水平越低

5.通过市场调查发现,有机蔬菜市场的兴起,是由于人们的观念变化引起的,这一因素属于宏观营销环境中的(　　)。

A.经济环境　　B.技术环境

C.社会文化环境　　D.人口环境

6.分销渠道的每一个层次选择和使用中间机构的数量,决定了分销渠道的(　　)。

A.数量　　B.宽度　　C.长度　　D.成本

7.市场细分的目的在于(　　)。

A.满足不同的需求　　B.选择目标市场

C.扩大产品销路　　D.确定产品的形象

8.人员推销的组织结构中,(　　)适用于顾客比较集中、用户规模较大、分销渠道比较稳定的企业。

A.产品结构　　B.顾客结构式

C.综合结构式　　D.区域结构式

9.(　　)是指具有相同使用功能但规格、型号、档次、款式不尽相同的一组类似的产品。

A.产品组合　　B.产品线

C.产品项目　　D.产品线宽度

10.理解价格定价法属于(　　)。

A.需求导向定价　　B.成本导向定价

C.心理导向定价　　D.竞争导向定价

11.某企业每年可销售1万件产品，产品的总变动成本为3万元，总固定成本为5万元，要获得的利润为5万元，该企业确定产品的售价为每件(　　)。

A. 10元　　B. 11元　　C. 12元　　D. 13元

12.当需求量变动百分比大于价格变动百分比时，需求价格弹性类型为(　　)。

A.需求富有弹性　　B.需求缺乏弹性

C.需求单一弹性　　D.低弹性

13.刚成立的企业，由于缺乏销售经验而影响分销渠道的设计，这项影响因素属于(　　)。

A.经济效益因素　　B.市场因素

C.企业自身因素　　D.产品因素

14.下列适合采用长渠道分销的是(　　)。

A.大型设备　　B.时尚商品　　C.生鲜商品　　D.牙刷

15.如果A商品价格下降引起B商品需求的增加，则(　　)。

A.商品A和商品B是替代品

B.商品A和商品B是互补品

C.商品A是低档品，商品B是高档品

D.商品A是高档品，商品B是低档品

16.新产品的市场实验即(　　)。

A.促销　　B.试制　　C.试销　　D.上市

17.下列适合技术性强的产品使用的广告是(　　)。

A.电视广告　　B.报纸广告　　C.广播广告　　D.杂志广告

18.厦门集美喜盈门举办开业典礼仪式属于公共关系形式中的(　　)。

A.公共关系专题活动　　B.宣传报道

C.公关活动　　D.公关宣传

19.“只有可口可乐才是真正的可乐”的市场定位是(　　)。

A.价格定位　　B.竞争定位　　C.使用者定位　　D.利益定位

20.在人员推销的方法中，通常在顾客毫无兴趣的情况下使用的是(　　)。

A.试探性策略　　B.针对性策略　　C.诱导性策略　　D.启发性策略

二、多项选择题(本大题共5小题，每小题3分，共15分。在每小题给出的四个选项中，有两个或两个以上选项符合题目要求。多选、错选、漏选均不得分)

1.宏观营销环境(　　)。

A.是企业不可控制的因素

B.是间接影响企业的外部力量

C.可能形成机会，也可能造成威胁

D.是可以通过企业的营销努力去影响的

2.消费者购买过程中，其行为受到心理因素影响的有(　　)。

A.家庭　　B.信念　　C.动机　　D.知觉

3.企业对成熟期的产品可采取的营销策略有(　　)。

A.市场改良　　B.产品改良　　C.大幅度降价　　D.退出市场

4.一般来说,下列产品因素对渠道长度设计的影响描述正确的是(　　)。

A.产品越笨重,渠道越短

B.产品价值越大,渠道越短

C.产品越是非规格化,渠道越长

D.产品生命周期越长,渠道越长

5.当生产企业资金不足,市场营销能力较差,宜采用(　　)策略。

A.自有品牌　　B.他人品牌

C.制造商品牌　　D.自有品牌与他人品牌共存

三、案例选择题(本题共三大题,每大题5小题,每小题2分,共30分)

案例一:运动鞋

运动鞋问世后,西方消费者都认为它比布鞋更为耐用、舒适,无须做特别宣传,需求量也很大。生产者只要保持产品的质量,大批量生产,降低成本和价格,销量自然大增。由于生产运动鞋利润丰厚,许多生产者步入市场,供给量增加,销售出现困难。为此,生产者加强推销活动,以维持产品的销量。如组织推销队伍,加强与中间商的联系,改进包装等,力求增强产品的竞争力,但所推销的仍是以往的产品,虽设计款式可能有所改良,但未能满足顾客的需求。随着生产力的发展,消费水平的提高,消费者的要求也提高了。这时,如果仅从推销方面努力,而不在营销组合策略上力求满足消费者的需要,是难以奏效的。厂商觉察到这点,便运用市场营销原理,从满足消费者的心理及实际需要出发,对消费需求进行分析研究,发现消费者对运动鞋有下列要求:舒适耐用、容易洗涤、款式新颖、价格合理、购买方便、品质优良。根据这些要求,厂商塑造新一代的运动鞋并重新制定市场策略,终于使新型运动鞋在市场上占统治地位。

结合案例,完成以下题目:

1.(多项选择题)西方运动鞋市场的发展经历了(　　)等观念。

A.生产观念　　B.推销观念

C.经营观念　　D.市场营销观念

2.(多项选择题)西方运动鞋发展证明了企业营销观念经历了(　　)两种性质不同的观念。

A.传统营销观念　　B.初级营销观念

C.高级营销观念　　D.现代营销观念

3.现代营销观念的营销导向是(　　)。

A.产品质量　　B.企业形象　　C.市场需求　　D.广告宣传

4.市场营销观念是以(　　)为出发点的。

A.满足顾客需求　　B.满足企业利益

C.满足员工需要　　　　D.满足投资者利益

5.厂商根据消费者的要求，塑造新一代的运动鞋，这款运动鞋属于(　　)产品。

A.全新　　B.换代　　C.改进　　D.地域性

案例二：小米手机

小米公司由著名投资人雷军带领创建，正式成立于 2010 年 3 月，是一家专注于高端智能手机自主研发的移动互联网公司。“为发烧而生”是小米的产品理念。小米公司首创了用互联网模式开发手机操作系统、60 万发烧友参与开发改进的模式。小米的 logo 是一个“MI”形，倒过来是一个心字，少一个点，意味着小米要让用户省一点心。

小米在新产品上市之初将价格定得较低，1 999 元就能够买到相当不错的手机，这对消费者来说是一种很大的诱惑。小米手机第一次网上销售就被一抢而空，这也更说明了高性价比对消费者的诱惑。

结合案例，完成以下题目：

6.小米公司采用的定价策略属于新产品定价策略中的(　　)策略。

A.尾数定价　　B.撇脂定价　　C.渗透定价　　D.声望定价

7.小米公司的定价策略有(　　)的优点。

A.树立企业形象　　　　B.快速收回成本

C.确保产品质量　　　　D.提高销售率

8.(多项选择题)小米公司的定价策略适用于(　　)。

A.产品需求价格弹性小　　　　B.产品需求价格弹性大

C.企业资金薄弱　　　　D.企业资金雄厚

9.小米公司首创了用互联网模式开发手机操作系统、60 万发烧友参与开发改进的模式，体现的营销观念是(　　)。

A.产品观念　　　　B.推销观念

C.市场营销观念　　　　D.社会营销观念

10.“MI”是小米的(　　)。

A.品牌名称　　B.品牌标志　　C.商标　　D.品牌

案例三：菲利浦·莫里斯公司

提起美国的菲利浦·莫里斯公司，人们立即就会联想到香烟，大名鼎鼎的“万宝路”牌香烟就是这家公司的拳头产品。然而，要是有人问你“卡夫”酸奶和奇妙酱、“果珍”饮品、“麦斯维尔”咖啡以及“米勒”啤酒是哪家公司生产的，许多中国人也许都会发愣，其实发愣的不仅仅是中国人，连美国的消费者都是要么发愣，要么认为是美国通用食品公司的产品。其实，这些产品全部出自美国烟草大王菲利浦·莫里斯公司。

是突出品牌形象还是突出公司形象，这历来是市场营销的关键。菲利浦·莫里斯公司突出品牌、淡化公司形象显然是明智之举。当该公司从通用食品公司买下“卡夫”“麦斯维尔”等品牌之后，一直在广告中突出这些品牌的形象，其中除了有这些商标已经形成巨额无形资产的考虑外，更让公司关心的是在全球禁烟运动此起彼伏的今天，再使用同一品牌策略，即采用“万宝路”品牌是不合适的。如何不让“烟草”公司的形象吓倒那些赞成禁烟的消费者，以避免产生不良的社会效果，可供选择的最佳途径就是不让公司本身在这些产品的广告中露面。

结合案例，完成以下题目：

11.菲利浦·莫里斯公司采用的品牌策略是（　　）。

A.统一品牌　　B.个别品牌

C.品牌扩展策略　　D.多品牌

12.（多项选择题）关于菲利浦·莫里斯公司采用的品牌策略的描述正确的是（　　）。

A.有利于突出品牌、淡化公司形象　　B.有利于突出公司形象、淡化品牌

C.有利于分散风险　　D.不利于分散风险

13.菲利浦·莫里斯公司采用的是（　　）策略。

A.扩大产品组合　　B.缩减产品组合

C.产品线延伸　　D.产品线现代化

14.（多项选择题）关于菲利浦·莫里斯公司采用的产品组合策略的说法正确的是（　　）。

A.适用于经济景气的时候　　B.适用于经济不景气的时候

C.有利于分散企业风险　　D.可以集中资源发展优势项目

15.（多项选择题）品牌（　　）。

A.既是商品的标记，又是无形的资产

B.是用来识别不同产品或服务的文字、标记或是它们的组合

C.可以用语言表达的部分，如海尔、科龙

D.不能用语言表达的部分但可以用来识别和记忆的图案、符号等

四、案例分析题（共 15 分）

珍珠陈皮

某公司生产中药陈皮，近几年利润开始缓慢下降。为了提高公司效益，该公司组织人力开发了一种新产品——珍珠陈皮的小食品。产品开发出来了，要以什么样的价格将其投放市场呢？在对市场做了分析评估后，他们选择以高出市场价 20 元的价格进入市场，并选择在一些高端的百货大楼进行销售。珍珠陈皮，以其独特的味道，精美的包装，特殊的疗效，吸引了一大批消费者。

结合案例,完成以下题目:

1.该公司开发出来的珍珠陈皮小食品在新产品中属于什么类型的新产品?(2分)

2.该公司生产中药陈皮在产品生命周期中属于哪个阶段?(2分)

3.珍珠陈皮采用的是何种渠道策略?(2分)

4.分析该公司对珍珠陈皮采用的是何种定价策略,有何优缺点,该定价策略应具备的基本条件是什么?(9分)

综合模拟试卷四

卷Ⅰ 合格卷

考生答题注意事项:

1.本试卷考试时间90分钟,满分150分。

2.本试卷全部为选择题。每小题选出答案后,用2B铅笔把答题卡上的相应代码涂黑,在试卷上作答无效,试卷空白处可作为草稿纸使用。

3.考试结束后,考生必须将试卷和答题卡一并交回。

4.合理安排答题空间,超出答题区域无效。

一、单项选择题(本大题共50小题,每小题2分,共100分。在每小题给出的四个选项中,只有一项符合题目要求)

1.下列表述中,体现推销观念的是(　　)。

A.我能生产什么,就卖什么　　B.我生产什么,就卖什么

C.我卖什么,就设法让人买什么　　D.顾客需要什么,我就生产什么

2.“如果你能比你的邻居制造出更好的捕鼠器,人们就会踏破你的门槛”,这体现的市场营销管理哲学是(　　)。

A.生产观念　　B.产品观念

C.市场营销观念　　D.绿色营销观念

3.企业沉浸在产品改进的自我陶醉中,忽略了市场需求的变化,这种观念是(　　)。

A.生产观念　　B.产品观念

C.推销观念　　D.市场营销观念

4. SWOT分析法中,O是指(　　)。

A.劣势　　B.优势　　C.机会　　D.威胁

5.直接影响企业营销活动的环境因素是(　　)。

A.微观环境　　B.自然环境

C.科技环境　　D.政治法律环境

6.影响消费需求的最活跃的经济因素是(　　)。

A.消费者收入　　B.可支配收入

C.可任意支配收入　　D.消费者实际收入

7.家庭属于影响消费者需求主要因素中的(　　)。

A.社会因素　　B.经济因素　　C.心理因素　　D.文化因素

8.马斯洛认为人类最低层次的需要是(　　)。

A.生理需要　　B.自我实现的需要

C.安全需要　　D.社会需要

9.小张的鞋坏了,准备新购一双休闲鞋,他上网搜索了一番,还是拿不定主意,想听听朋友小明的建议。这时,小张处于购买决策的(　　)阶段。

A.引起需要　　B.寻找信息　　C.购买决策　　D.评估比较

10.目标市场营销由三个步骤组成:一是市场细分;二是选择目标市场;三是进行(　　)。

A.推销　　B.促销　　C.竞争　　D.市场定位

11.企业为女性生产各种款式的鞋子,这是(　　)。

A.“产品—市场”集中化　　B.产品专业化

C.市场专业化　　D.选择性专业化

12.(　　)定位方式市场风险较小,成功率较高,常为多数企业所采用。

A.避强定位　　B.迎头定位

C.重新定位　　D.寻找市场定位

13.消费者购买某种产品时所追求的利益,即顾客真正要购买的东西,是指产品整体概念中的(　　)。

A.有形产品　　B.核心产品　　C.附加产品　　D.无形产品

14.一个家电企业生产 4 种电冰箱产品、8 种洗衣机产品、5 种空调产品,那么此企业的产品线有(　　)。

A. 1 条　　B. 3 条　　C. 17 条　　D. 8 条

15.在产品生命周期的阶段中,销售增长率最高的是(　　)。

A.投入期　　B.成长期　　C.成熟期　　D.衰退期

16.以下哪种新产品的失败率最高,风险最大?(　　)

A.完全创新的产品　　B.换代新产品

C.改革新产品　　D.仿制新产品

17.雀巢公司所生产的咖啡、奶粉、巧克力、饼干等产品都用“雀巢”这个品牌,这种品牌策略是(　　)策略。

A.多品牌　　B.个别品牌　　C.统一品牌　　D.系列品牌

18.产品价格构成中,最重要的组成部分是(　　)。

A.生产成本　　B.流通费用　　C.利润　　D.税金

19.某企业新推出一款手机,该手机上市之初定价较高,企业希望在短时间内获得较大的利润。这种新产品定价策略称为(　　)。

A.渗透定价策略　　B.满意定价策略

C.撇脂定价策略　　D.声望定价策略

20.某公司规定,如果经销商承担了顾客服务,可以在进货价格上给予一定的折扣。该公司采用的是(　　)定价策略。

A.现金折扣　　B.数量折扣　　C.功能折扣　　D.季节折扣

21.在企业定价方法中,目标收益率定价法属于(　　)。

A.成本导向定价法　　B.需求导向定价法

C.竞争导向定价法　　D.随行就市定价法

22.卖方为引导消费者购买较多的商品,往往会给予相应的优惠,这属于(　　)的策略。

A.季节折扣　　B.尾数折扣　　C.数量折扣　　D.地区折扣

23.永辉超市属于(　　)。

A.批发商　　B.零售商　　C.代理商　　D.经销商

24.分销渠道的每个层次使用同种类型中间商数目的多少,被称为分销渠道的(　　)。

A.宽度　　B.长度　　C.深度　　D.关联度

25.产品的重量和体积越大,其分销渠道应当越(　　)。

A.长　　B.短　　C.宽　　D.窄

26.企业过去的渠道经验和现行的市场营销策略会影响渠道的设计,这一影响因素属于(　　)。

A.经济效益因素　　B.产品因素

C.企业本身因素　　D.市场因素

27.四种促销方式中最古老的是(　　)。

A.广告宣传　　B.公共关系　　C.人员推销　　D.营业推广

28.广告的四大媒体通常指的是(　　)。

A.报纸、杂志、广播、电视　　B.报纸、杂志、电视、电影

C.电视、报纸、橱窗、路牌　　D.报纸、杂志、电视、橱窗

29.企业发放“会员卡”,其目的在于(　　)。

A.建立良好关系　　B.引起注意

C.提高知名度　　D.稳定消费者队伍

30.采用拉引式促销策略时,作用最大的是(　　)。

A.人员推销　　B.宣传报告　　C.广告　　D.公共关系

31.消费者对某品牌的忠诚程度,在市场细分变量中属于(　　)。

A.地理因素　　B.人口因素　　C.心理因素　　D.行为因素

32.产品组合的宽度是指产品组合中所拥有(　　)的数目。

A.产品项目　　B.产品线　　C.产品种类　　D.产品品牌

33.产品价格的决定性因素是(　　)。

A.供求关系　　B.价值　　C.生产成本　　D.竞争状况

34.亚马逊通过低价的电子书阅读器 Kindle 吸引用户,用相对高价但丰富的电子书内容获取盈利,这种定价策略为(　　)。

A.尾数定价　　B.习惯定价　　C.系列定价　　D.组合定价

35.以高价格和高促销费用推出新产品,迅速占领市场的市场营销策略是(　　)。

A.快速撇脂策略　　B.慢速撇脂策略

C.快速渗透策略　　D.慢速渗透策略

36.当产品在市场上已被大多数消费者迅速接受，销售额迅速上升，成本大幅度下降，企业利润大量增加，说明这阶段属于产品生命周期的（　　）。

A.投入期　　B.成长期　　C.成熟期　　D.衰退期

37.企业各种不同的产品分别使用不同的品牌，这种品牌策略是（　　）策略。

A.个别品牌　　B.同一品牌

C.分类品牌　　D.企业名称加个别品牌

38.下列销售方式中，不属于直接销售渠道的是（　　）。

A.厂家邮购　　B.电话订购　　C.上门销售　　D.中间商销售

39.公司→经销商→大中型卖场→终端消费者，所属类型为（　　）。

A.一级渠道　　B.二级渠道　　C.三级渠道　　D.四级渠道

40.经销商和代理商的根本区别在于（　　）。

A.是否批发商品　　B.是否拥有商品所有权

C.是否运送商品　　D.是否储存商品

41.（　　）出售的商品是供给零售商转卖或生产企业再生产用的。

A.批发商　　B.零售商　　C.连锁店　　D.购物中心

42.下列适合消费者的营业推广方式是（　　）。

A.赠送样品　　B.销售竞赛　　C.年终分红　　D.津贴

43.三八妇女节期间，“唯品会”推出了满 200 元减 30 元，满 100 元减 10 元的活动，这种促销策略称为（　　）。

A.人员推销　　B.广告　　C.公共关系　　D.营业推广

44.在不同的促销方式中，（　　）的目标是追求长远利益，赢得公众的信任。

A.广告　　B.人员推销　　C.营业推广　　D.公共关系

45.消费品市场中，存在有牙膏和牙刷、洗发水和护发素等产品，说明消费品市场具有（　　）。

A.多变性　　B.配套性　　C.替代性　　D.关联性

46.采用无差异性营销战略的最大优点是（　　）。

A.市场占有率高　　B.成本的经济性

C.市场适应性强　　D.需求满足程度高

47.受新冠疫情影响，国家通过发放消费券、过节补贴、景区免费、留岗奖励等一系列民生保障政策，带火了本地游、周边游。酒店、民宿的本地游客增加的主要影响因素是（　　）。

A.经济发展水平的提高　　B.科学技术的发展

C.人口环境的变化　　D.政治环境的改善

48.化妆品、食品、烟酒的包装做一些改变后重新进入市场，这样的产品属于（　　）。

A.全新产品　　B.换代新产品　　C.改进新产品　　D.仿制新产品

49.以下四项费用中，不属于产品生产成本的是（　　）。

A.原材料费　　B.人工费　　C.包装加工费　　D.运输费

50.下列情况下的(　　)类产品宜采用最短的分销渠道。

A.单价低、体积小的日常用品　　B.处在成熟期的产品

C.技术性强、价格昂贵的产品　　D.生产集中、消费分散的产品

二、判断题(本大题共25小题,每小题2分,共50分。正确的选A,错误的选B)

1.市场营销就是推销和广告。(　　)

A.正确　　B.错误

2.只强调“祖传秘方”是一种产品观念。(　　)

A.正确　　B.错误

3.影响消费者购买力水平和消费结构的重要因素是个人可自由支配收入。(　　)

A.正确　　B.错误

4.恩格尔系数越高,说明社会消费水平越高。(　　)

A.正确　　B.错误

5.消费者在购买商品时对所有的商品都十分了解,在做出购买行为时大多数是属于专家购买。(　　)

A.正确　　B.错误

6.微观环境因素制约宏观环境因素,后者又影响前者。(　　)

A.正确　　B.错误

7.如果企业财力雄厚,管理水平高,可以考虑采取集中性目标市场策略。(　　)

A.正确　　B.错误

8.市场定位实际上就是一种竞争策略。(　　)

A.正确　　B.错误

9.重新定位是一种能激励自己奋发向上的、可行的定位方式,一旦成功,就会取得巨大的市场优势。(　　)

A.正确　　B.错误

10.产品是指人们向市场提供的能满足顾客需求的有形的物品。(　　)

A.正确　　B.错误

11.企业增加产品组合的宽度,可以充分发挥企业的特长,使企业尤其是大企业的资源、技术得到充分利用,提高经营效益。此外,实行多角化经营还可以减少风险。(　　)

A.正确　　B.错误

12.新产品初入市场,企业的促销应集中于最有可能购买的群体,以迅速获取高销售量,吸引其他顾客。(　　)

A.正确　　B.错误

13.在新产品的投入期,市场竞争者通常较多。(　　)

A.正确　　B.错误

14.个别品牌策略是指企业对不同的产品线采用不同的品牌。(　　)

A.正确　　B.错误

15.一般情况下，价格昂贵的商品和名牌商品采用窄渠道。（　　）

A.正确　　B.错误

16.品名是指品牌中可以用语言表达的部分。（　　）

A.正确　　B.错误

17.分销渠道的起点是中间商，终点是消费者。（　　）

A.正确　　B.错误

18.功能折扣是主要针对中间商的一种折扣形式。（　　）

A.正确　　B.错误

19.渗透定价策略，适用于广大中小企业。（　　）

A.正确　　B.错误

20.像机床这种体积大、重量大且专用性强的产品适用长和宽的分销渠道。（　　）

A.正确　　B.错误

21.中间商就是在生产企业与个人之间，为实现商品交换提供服务的那些企业，例如批发商、零售商等。（　　）

A.正确　　B.错误

22.电视广告形象、生动、逼真、感染力强，而且费用低廉。（　　）

A.正确　　B.错误

23.营业推广具有接触面窄、有局限性和有时会降低商品身份等缺点。（　　）

A.正确　　B.错误

24.宣传报道是由被宣传者出资进行的，因此不具有客观性和真实性。（　　）

A.正确　　B.错误

25.促销的实质是一种沟通活动。（　　）

A.正确　　B.错误

卷Ⅱ　等级卷

考生答题注意事项：

1.本试卷考试时间60分钟，满分100分。

2.选择题每小题选出答案后，用2B铅笔把答题卡上的相应代码涂黑，在试卷上作答无效，试卷空白处可作为草稿纸使用。

3.考试结束后，考生必须将试卷和答题卡一并交回。

4.合理安排答题空间，超出答题区域无效。

一、单项选择题（本大题共20小题，每小题2分，共40分。在每小题给出的四个选项中，只有一项符合题目要求）

1.“王婆卖瓜，自卖自夸”反映的是（　　）。

A.生产观念　　B.产品观念　　C.推销观念　　D.市场营销观念

2.与顾客建立长期合作关系是(　　)的核心内容。

A.关系营销　　B.绿色营销

C.公共关系　　D.相互市场营销

3.根据“恩格尔系数”,随着家庭收入的增加,用于服装、娱乐、保健等方面的支出比重将会(　　)。

A.不变　　B.上升

C.下降　　D.无法判断

4.企业利用 SWOT 分析法形成的“成熟型”业务说明(　　)。

A.机会大、威胁大　　B.机会小、威胁大

C.机会大、威胁小　　D.机会小、威胁小

5.消费者从商品包装和说明书上获得的信息,属于(　　)。

A.商业来源　　B.个人来源　　C.公众来源　　D.经验来源

6.某旅行社在国庆“黄金周”推出国内外旅游“豪华团”“普通团”“打工一族团”等不同档次的旅游项目,这是考虑了(　　)。

A.亚文化群　　B.社会阶层　　C.相关群体　　D.角色地位

7.某皮鞋厂冬季在南方地区主推单皮鞋,在北方地区主推棉皮鞋,该鞋厂对消费者市场细分的依据是(　　)。

A.地理细分　　B.人口细分　　C.心理细分　　D.行为细分

8.“宁当鸡头,不当凤尾”体现的目标市场策略是(　　)营销策略。

A.差异性　　B.无差异性　　C.密集性　　D.集中性

9.当产品进入成长后期时,企业一般采用(　　)策略。

A.无差异性市场营销　　B.差异性市场营销

C.集中性市场营销　　D.差异性市场营销或集中性市场营销

10. 1998 年,海尔根据用户需求推出了台式冷柜,抢先占领了处于空白状态的零售鲜肉保鲜冷柜市场,这种定位策略属于(　　)。

A.避强定位　　B.迎头定位　　C.重新定位　　D.寻找市场定位

11.销售量的增长减慢,利润增长值接近于零时,说明产品已经进入了(　　)。

A.投入期　　B.成长期　　C.成熟期　　D.衰退期

12.某企业有冰箱、空调、洗衣机三条产品线,其中,电冰箱有 8 个产品项目,空调有 3 个产品项目,洗衣机有 4 个产品项目,则该企业产品线的平均深度是(　　)。

A. 6　　B. 22　　C. 4　　D. 5

13.开发新产品的第一步程序是(　　)。

A.效益评价　　B.产品研制　　C.收集构思　　D.商业分析

14.德国拜耳药厂生产的阿司匹林从投入市场以来,虽然价格高,但是因为药效好,企业没有投入大量的广告也很畅销。该公司采用的导入期营销策略是(　　)。

A.快速撇脂策略　　B.缓慢撇脂策略

C.快速渗透策略　　D.缓慢渗透策略

15.经营者面对顾客质疑价格过高时，常说“这货本来进价就高了，所以我实在没法再降价了”，这说明经营者定价的方法是(　　)。

A.理解价格定价法　　B.随行就市定价法
C.成本加成定价法　　D.需求差异定价法

16.分销渠道不包括(　　)。

A.代销商　　B.销售代理商
C.生产者和用户　　D.辅助商

17.可口可乐通过大小批发商和零售商销售给消费者，其销售渠道属于(　　)。

A.窄渠道　　B.短渠道
C.直接渠道　　D.间接渠道

18.香烟、口香糖、饮料等日常用品一般选用的分销渠道策略是(　　)。

A.独家分销　　B.选择分销
C.密集分销　　D.排他性分销

19.“国庆”假期，某商场对某款商品进行促销活动，消费满 100 减 30 且有商场会员卡的顾客还能再享受 9.5 折的优惠，这种促销手段属于(　　)。

A.广告　　B.营业推广　　C.公共关系　　D.人员推销

20.下列选项中不属于营销 4P 的是(　　)。

A.产品　　B.价格　　C.促销　　D.顾客

二、多项选择题(本大题共 5 小题，每小题 3 分，共 15 分。在每小题给出的选项中，有两个或两个以上选项符合题目要求。多选、错选、漏选均不得分)

1.从企业营销的角度看，市场是(　　　)的综合。

A.价格　　B.人口　　C.购买力　　D.购买欲望

2.企业在决定为多个子市场服务时可供选择的策略有(　　　)。

A.大量市场营销　　B.无差异性市场营销
C.差异性市场营销　　D.集中性市场营销
E.大市场营销

3.企业针对成熟期的产品所采取的市场营销策略，具体包括的途径是(　　　)。

A.改进市场策略　　B.改进产品策略
C.改进营销组合策略　　D.继续维持策略
E.集中策略

4.不拥有商品所有权的中间商有(　　　)。

A.批发商　　B.零售商　　C.寄售商　　D.销售代理商
E.经纪商

5.以下营业推广方式中属于适合消费者的营业推广方式有(　　　)。

A.优惠券　　B.超额提成　　C.赠送礼品　　D.年终分红
E.现场示范

三、案例选择题(本题共三大题,每大题5小题,每小题2分,共30分。在每小题给出的四个选项中,只有一项符合题目要求)

案例一:"S"牌糖果的产品策略

某食品公司生产"S"牌糖果。在刚进入某区域市场时,公司进行了精心策划,决定以当地的青少年为主要市场。公司在该区域精选10家零售商进行铺货,选取3家重点商户开展促销活动,还利用儿童节、劳动节等节日,在商店开展有奖销售、免费试吃、赠送小包装样品和公司纪念品等活动。公司推销员在商场进行产品推介,并免费为商店配备标示柜台、展示架、宣传单、日历卡、展示牌、宣传海报等宣传促销活动物品。

结合案例,完成以下题目:

1.该糖果公司采用的目标市场策略是(　　)。

A.无差异性目标市场策略　　B.差异性目标市场策略

C.集中性目标市场策略　　D.分散性目标市场策略

2.在分销渠道上,该公司采用的策略是(　　)。

A.广泛性分销　　B.选择性分销

C.独家分销　　D.单渠道分销

3."在商店开展有奖销售、免费试吃、赠送小包装样品和公司纪念品等活动"说明该公司采用的促销方式是(　　)。

A.广告　　B.人员推销

C.营业推广　　D.公共关系

4.公司派出推销人员的行为属于促销组合中的(　　)。

A.广告　　B.人员推销

C.营业推广　　D.公共关系

5."免费为商店配备标识柜台、展示架、宣传单、日历卡、展示牌、宣传海报"属于(　　)。

A.电子媒体广告　　B.邮寄广告

C. POP广告(在售货点和购物场所做的广告)　　D.流动广告

案例二:经济连锁酒店的没落

十多年前,开始推崇"极简主义"的××连锁酒店,用一大片柠檬和天空蓝的小清新色调征服了年轻人,每晚99元的价格更是迅速提高了市场占有率,成为一、二线城市的标志建筑。

近几年,随着收入水平的提高,人们对酒店的要求越来越高。中端商务酒店发展迅猛,传统连锁酒店的市场份额不断被挤占,特别是对经济型连锁酒店的冲击更大。××连锁酒店总数近两年已减少239家。更致命的是,网络上时常曝出该酒店的各种卫生问题。迫于压力,该酒店计划进军三、四线城市。但是该酒店发现,随着互联网的发展,各大在线旅游平台开拓的民宿领域,已经占领了大量的市场份额。

结合案例,完成以下题目:

6.案例中的连锁酒店定价采用了(　　)策略。

A.整数定价　　B.尾数定价　　C.声望定价　　D.组合定价

7.消费者在住宿中要求“干净卫生”的环境,是马斯洛需求层次中的(　　)。

A.生理需求　　B.安全需求

C.社交需求　　D.自我实现的需求

8.从案例中可以看出,经济连锁酒店的没落受到何种因素的影响?(　　)

A.人口因素　　B.经济因素　　C.心理因素　　D.文化因素

9.该案例中,十几年前××连锁酒店目标市场的策略是(　　)。

A.集中性营销策略　　B.无差异营销策略

C.差异性营销策略　　D.随意性营销策略

10.有人建议,××经济连锁酒店可以转型为中端商务酒店,这是(　　)。

A.双向延伸策略　　B.向上延伸策略

C.向下延伸策略　　D.产品现代化

案例三:哈根达斯的失宠

“爱她,就带她去吃哈根达斯。”在国内说起高端冰激凌,很多人的第一印象都会是哈根达斯。

但是,有数据显示,在2016年上半年,哈根达斯亚太市场的净销售额增长了2%,而中国区则下滑1%。大型商场对哈根达斯的“宠爱”不再,哈根达斯已经不再是一线优质商场一层品牌的首选,在王府井,哈根达斯被移到了负一层。

从人人热捧到被冷落,哈根达斯为何会走到这般境地?

随着收入提高,消费者希望能够享受到更高端的产品,哈根达斯铺天盖地的宣传,很大程度上抓住了消费者的这种心理。但随着社会的不断发展,哈根达斯也不再是一个新鲜的事物,大家的“尝鲜”心理不再作祟,加上哈根达斯的奢侈品形象在中国也正逐渐被打破。

众所周知,哈根达斯在美国本土市场其实是大众产品,在美国超市只要4.69美元,折合人民币也就20多元,并且还有促销活动。而在中国,哈根达斯售价超80元,一个单色冰激凌球都超过30元。但是这么高的价格服务却没有特色,一般都是消费者付完钱之后等待冰激凌,或者在超市买完就走,高价格的背后却没有享受到相应的服务。

在销量惨淡的背景下,有人提议给产品降价以挽回销售额。但也有人认为,应该借助新媒体做好宣传。比如使用汽车自媒体,自然会吸引大批有车族等高收入人群的注意,或许这也是哈根达斯能够恢复销量的方法之一。

结合案例,完成以下题目:

11.哈根达斯初入中国的目标市场策略是(　　)。

A.集中性目标市场策略　　B.差异性目标市场策略

C.无差异性目标市场策略

12.这种目标市场策略的缺点是(　　)。

A.共性市场的竞争激烈,而较小子市场的需求得不到满足

B.风险大,一旦市场发生变化,企业会陷入困境

C.使企业生产成本和营销成本增加

D.忽视了消费者的不同需求

13.哈根达斯在中国的定价远高于美国却依然受欢迎,这符合(　　)。

A.尾数定价　　B.整数定价

C.声望定价　　D.习惯定价

14."爱她,就带她去吃哈根达斯"。这句话为哈根达斯带来了巨大的客流。这是(　　)策略对商品销售的影响。

A.人员推销　　B.营业推广　　C.广告　　D.公共关系

15.提出以有车族的高收入人群为目标市场,这是用(　　)标准进行市场细分。

A.地理因素　　B.人口因素　　C.心理因素　　D.购买行为

四、案例分析题(共15分)

左右为难的老丁

老丁是福建泉州的一个小老板,开了一个小的服装厂,没有自主品牌,平时接一些大厂的外发订单,一年两千多万的产值。自从新冠疫情暴发,老丁的工厂也受到了影响,既不能复工,也没有订单,即使复工了,工人暂时也无事可做。

看到市场对口罩有强烈的需求,加上生产口罩的技术门槛不高,生产也比较简单,老丁准备转产口罩。经了解,生产一次性医用口罩,必须办理三个证书,分别是生产许可证、医疗器械注册证和药品监督管理部门颁发的许可证。

办好相关证件后,老丁开始了紧锣密鼓的筹备。在购买口罩最核心的部分——熔喷布时,老丁发现熔喷布价格一路上扬,春节前,一吨的价格大约在1.2万元左右;2月10日报价是5万元一吨;2月12日,价格涨到了10万元一吨;2月25日,熔喷布已经涨到20万元一吨了。

结合案例,完成以下题目:

1.疫情的暴发,对老丁的服装厂带来了(　　)。(2分)

A.机会　　B.威胁　　C.优势　　D.劣势

2.我国规定生产口罩必须具备相应的资质,这是(　　)对企业的影响。(2分)

A.政治法律环境　　B.经济环境

C.社会文化环境　　D.自然环境

3.因为熔喷布的价格一路上扬,导致口罩价格一路飙升。说明(　　)是价格构成的重要组成部分。(2分)

A.生产成本　　B.流通费用　　C.税金　　D.利润

4.老丁生产口罩投入固定成本总计240万元，一个口罩的变动成本是0.5元，如果生产200万个口罩，则每个口罩卖多少钱才能保本？（5分）

5.根据案例分析，口罩市场售价上涨的原因是什么？（4分）

综合模拟试卷五

卷Ⅰ　合格卷

考生答题注意事项:

1.本试卷考试时间90分钟,满分150分。

2.本试卷全部为选择题。每小题选出答案后,用2B铅笔把答题卡上的相应代码涂黑,在试卷上作答无效,试卷空白处可作为草稿纸使用。

3.考试结束后,考试必须将试卷和答题卡一并交回。

4.合理安排答题空间,超出答题区域无效。

一、单项选择题(本题共50小题,每小题2分,共100分。在每小题给出的四个选项中,只有一项符合题目要求)

1.美国福特汽车公司的创始人亨利·福特曾自豪地说:“不管顾客需要什么,我的汽车就是黑的。”这一观念属于(　　)。

A.产品导向观念　　B.生产导向观念

C.市场导向观念　　D.推销导向观念

2.(　　)包括人口的数量与增长速度、人口的地理分布及地区间流动、人口结构等因素。

A.地理环境　　B.人口环境

C.自然环境　　D.社会环境

3.影响企业营销活动的因素如人口、经济、文化、技术等是市场营销环境的(　　)因素。

A.宏观环境　　B.微观环境

C.作业环境　　D.直接环境

4.宝洁公司和联合利华公司都是生产日用化工产品的企业,是一对竞争对手,从消费需求的角度来看,他们属于(　　)。

A.愿望竞争者　　B.普通竞争者

C.产品形式竞争者　　D.品牌竞争者

5.(　　)市场的需求具有鲜明的可诱导性。

A.产业　　B.中间商

C.政府　　D.消费者

6.马斯洛认为需要按其重要程度分,最低层次的需要是指(　　)。

A.生理需要　　B.社会需要

C.尊敬需要　　D.安全需要

7.傍晚时分，老李夫妇坐了一天一夜的火车，从广州的工作地回到了陕北老家的县城，感觉格外地饿，他们不禁又想起了“中国大酒店”(五星级)那丰盛可口的菜肴，请问老李夫妇的这种状态属于(　　)。

A.欲望　　B.需要

C.需求　　D.以上都是

8.购买者在购买时对商品的价格非常敏感，这种购买者属于以下哪种购买类型？(　　)

A.情感型　　B.冲动型

C.经济型　　D.理智型

9.当家庭收入达到一定水平时，随着收入增长，恩格尔系数将(　　)。

A.下降　　B.增大

C.不变　　D.上下波动

10.以下哪一项不是消费者市场购买行为的特点？(　　)

A.购买者的广泛性　　B.需求的差异性

C.购买者的非专业性　　D.派生需求

11.采用无差异性营销战略的最大优点是(　　)。

A.市场占有率高　　B.成本的经济性

C.市场适应性强　　D.需求满足程度高

12.在“彩电大战”“空调大战”如火如荼的同时，海尔始终坚持“优质高价”战略。海尔采取的市场定位方法是(　　)。

A.根据产品属性和利益定位　　B.根据产品价格和质量定位

C.根据产品用途定位　　D.根据使用者定位

13.市场细分的依据是(　　)。

A.产品类别的差异性　　B.消费者需求与购买行为的差异性

C.市场规模的差异性　　D.竞争者营销能力的差异性

14.SWOT 分析法中，S 是指(　　)。

A.劣势　　B.优势　　C.机会　　D.威胁

15.权力、地位、名誉等方面的需要属于(　　)。

A.安全需要　　B.社会需要

C.尊重需要　　D.自我实现的需要

16.家庭属于影响消费者需求主要因素中的(　　)。

A.社会因素　　B.经济因素

C.心理因素　　D.文化因素

17.小王是一家公司的采购员，他正和某一家具厂家商谈关于买进 20 套办公桌的具体事宜，在市场营销中这种行为被称为(　　)。

A.公关　　B.交换　　C.交易　　D.买卖

18.下列各种营销观念中,不属于传统营销观念的是(　　)。

A.产品观念　　B.推销观念

C.生产观念　　D.绿色营销

19.向消费者提供真实的商品信息,帮助消费者了解商品或服务的存在、性能、价格、特点及使用、保管、维修方法等方面的知识,是消费者权益保护中的(　　)。

A.安全权　　B.选择权

C.知情权　　D.赔偿权

20.当消费者购买一件贵重的、不常买的、有风险的而且又非常有意义的产品时通常所采取的行为类型是(　　)。

A.复杂购买行为　　B.不协调购买行为

C.寻求多样化购买行为　　D.习惯性购买行为

21.根据马斯洛的需求层次理论,最高层次的需要是(　　)。

A.生理需要　　B.安全需要

C.自我实现的需要　　D.社会需要

22.消费者在做出购买行为时大多数是属于(　　)。

A.半专业性的　　B.非专业性的

C.专业性的　　D.其他

23.一个消费者的完整的购买过程是从(　　)开始的。

A.寻找信息　　B.购买动机

C.消费需求　　D.做出选择

24.(　　)是消费者对个人购买决策的最终检验。

A.寻找信息　　B.购买动机

C.使用评价　　D.做出选择

25.向购买者提供的基本效用和利益是产品的(　　)层。

A.核心产品　　B.有形产品

C.产品延伸　　D.产品价值

26.以低价格和高促销费用推出新产品的市场营销策略是(　　)。

A.迅速撇脂策略　　B.缓慢撇脂策略

C.迅速渗透策略　　D.缓慢渗透策略

27.以下哪种新产品的失败率最高,风险最大?(　　)

A.完全创新的产品　　B.换代新产品

C.改革新产品　　D.仿制新产品

28.产品整体概念中,最基本、最主要的部分是(　　)。

A.核心产品　　B.有形产品

C.附加产品　　D.延伸产品

29.产品市场生命周期的(　　)阶段,市场竞争最激烈。

A.成长期　　B.投入期　　C.成熟期　　D.衰退期

30.影响企业营销活动的因素如人口、经济、文化、技术等是市场营销环境的(　　)因素。

A.宏观环境　　B.微观环境
C.作业环境　　D.直接环境

31.希望从别人那里取得资源并愿意以某种有价之物作为交换的人称为(　　)。

A.市场营销者　　B.潜在顾客
C.制造商　　D.分销商

32.市场营销观念产生于(　　)。

A.卖方市场　　B.卖方市场向买方市场过渡
C.买方市场　　D.买方市场向卖方市场过渡

33.生产观念产生于(　　)。

A.卖方市场　　B.卖方市场向买方市场过渡
C.买方市场　　D.买方市场向卖方市场过渡

34.产生于产品供不应求、消费者欢迎高质量的产品的营销观念是(　　)。

A.产品观念　　B.生产挂念
C.推销观念　　D.市场营销观念

35.产生于卖方市场向买方市场过渡阶段,致使部分产品供过于求的营销观念是(　　)。

A.产品观念　　B.生产挂念
C.推销观念　　D.市场营销观念

36.在产品生命周期的阶段中,销售增长率最高的是(　　)。

A.投入期　　B.成长期　　C.成熟期　　D.衰退期

37.在企业定价方法中,盈亏平衡定价法属于(　　)。

A.成本导向定价法　　B.需求导向定价法
C.竞争导向定价法　　D.随行就市定价法

38.分销渠道的每个层次使用同种类型中间商数目的多少,被称为分销渠道的(　　)。

A.宽度　　B.长度　　C.深度　　D.关联度

39.消费者一次性购买量小、购买批次多的,适宜采用(　　)。

A.直接渠道　　B.长渠道　　C.宽渠道　　D.短渠道

40.企业发放“会员卡”的目的在于(　　)。

A.建立良好关系　　B.引起注意
C.提高知名度　　D.稳定消费者队伍

41.下列各种促销手段中,不属于营业推广形式的是(　　)。

A.人员推销　　B.赠送促销　　C.现场演示　　D.优惠券

42.一个企业所拥有的所有产品项目的总数,称为产品线(　　)。

A.宽度　　B.长度　　C.深度　　D.关联度

43.一般来说,对生产那些经营差异性较大、市场变化较快的产品的企业,以及那些本身有一定资源能力能应付市场变化所带来的产品更新和技术设备更新的企业,可以采用

(　　)策略。

A.无差异性营销　　B.差异性营销

C.集中性营销　　D.分散性营销

44.(　　)方式市场风险性较小,成功率较高,常为多数企业所采用。

A.避强定位　　B.迎头定位　　C.重新定位　　D.寻找市场定位

45.(　　)是指某种产品的现实购买者和潜在购买者需求的总和。

A.商场　　B.市场　　C.超市　　D.购物中心

46.为了适应社会对于环境保护的要求,许多企业主动采取绿色包装以降低白色污染。这种做法反映了企业的(　　)。

A.社会营销观念　　B.销售观念

C.市场观念　　D.生产观念

47.在企业定价方法中,密封投标定价法属于(　　)。

A.成本导向定价法　　B.需求导向定价法

C.竞争导向定价法　　D.随行就市定价法

48.四种促销方式中最古老的的是(　　)。

A.广告宣传　　B.人员推销　　C.公共关系　　D.营业推广

49.推销人员利用提前设计好的、针对性较强的推销语言和措施,有的放矢地宣传、展示和介绍商品,促使顾客产生购买行为的推销策略称为(　　)。

A.诱导性策略　　B.试探性策略

C.“刺激—反应”策略　　D.“配方—成交”策略

50.在品牌的概念中,用人或拟人化的标识来代表品牌的方式,是(　　)。

A.品牌角色　　B.品牌标志　　C.品牌名　　D.商标

二、判断题(本大题共 25 小题,每题 2 分,共 50 分。正确的选 A,错误的选 B)

1.影响消费者购买力水平和消费结构的重要因素是个人可自由支配收入。(　　)

A.正确　　B.错误

2.推销观念的形成是企业营销观念的一次质的飞跃或革命。(　　)

A.正确　　B.错误

3.市场营销是销售部门的工作。(　　)

A.正确　　B.错误

4.市场定位实际上就是一种竞争策略。(　　)

A.正确　　B.错误

5.市场细分不是对产品进行分类,而是对同一种产品需求各异的消费者进行分类。(　　)

A.正确　　B.错误

6.重新定位是一种能激励自己奋发向上的、可行的定位方式,一旦成功,就会取得巨大的市场优势。(　　)

A.正确　　　　　　B.错误

7.互联网域名是商标的一个组成部分。(　　)

A.正确　　　　　　B.错误

8.产品线是由若干个产品项目组成的。(　　)

A.正确　　　　　　B.错误

9.密封投标定价,定价越低越好。(　　)

A.正确　　　　　　B.错误

10.渗透定价策略,适用于广大中小企业。(　　)

A.正确　　　　　　B.错误

11.电视广告形象、生动、逼真、感染力强,而且费用低廉。(　　)

A.正确　　　　　　B.错误

12.分销渠道长度选择主要包括密集分销、选择分销和独家分销。(　　)

A.正确　　　　　　B.错误

13.中间商就是在生产企业与个人之间,为实现商品交换提供服务的那些企业,例如批发商、零售商等。(　　)

A.正确　　　　　　B.错误

14.现代市场的研究对象是以满足卖方需求为中心的企业营销活动。(　　)

A.正确　　　　　　B.错误

15.家庭不同成员对购买决策的影响往往由家庭特点决定。(　　)

A.正确　　　　　　B.错误

16.市场细分是选择目标市场的前提。(　　)

A.正确　　　　　　B.错误

17.依据消费者对商品的同质需求和异质需求,可以把市场分为同质市场和异质市场。(　　)

A.正确　　　　　　B.错误

18.数量折扣作为一种定价策略,不仅为了鼓励顾客大量购买,而且是为了争取顾客再次购买。(　　)

A.正确　　　　　　B.错误

19.家庭成员在购买中所扮演的角色可以分为:提议者、影响者、决策者、购买者和使用者。那么,在张云夫妇为3岁的儿子买玩具这个行为中,儿子是决策者。(　　)

A.正确　　　　　　B.错误

20.消费品尽管种类繁多,但不同品种甚至不同品牌之间不能相互替代。(　　)

A.正确　　　　　　B.错误

21.新产品初入市场,企业的促销应集中于最有可能购买的群体,以迅速获取高销售量,吸引其他顾客。(　　)

A.正确　　　　　　B.错误

22.一个企业的品牌和商标可以是相同的,也可以是不相同的。(　　)

A.正确　　　　　B.错误

23.企业增加产品组合的宽度,可以充分发挥企业的特长,使企业尤其是大企业的资源、技术得到充分利用,提高经营效益。此外,实行多角化经营还可以减少风险。(　　)

A.正确　　　　　B.错误

24.世界著名品牌的定价往往采用竞争导向定价法。(　　)

A.正确　　　　　B.错误

25.欲望和需求是随着环境发展而变化的。(　　)

A.正确　　　　　B.错误

卷Ⅱ　等级卷

考生答题注意事项:

1.本试卷考试时间60分钟,满分100分。

2.选择题每小题选出答案后,用2B铅笔把答题卡上的相应代码涂黑,在试卷上作答无效,试卷空白处可作为草稿纸使用。

3.考试结束后,考试必须将试卷和答题卡一并交回。

4.合理安排答题空间,超出答题区域无效。

一、单项选择题(本大题共20小题,每小题2分,共40分。在每小题给出的四个选项中,只有一项符合题目要求)

1.与顾客建立长期合作关系是(　　)的核心内容。

A.关系营销　　　　B.绿色营销

C.公共关系　　　　D.相互市场营销

2.提醒性广告主要用于产品生命周期的哪一个阶段?(　　)

A.投入期　　B.成长期　　C.成熟期　　D.衰退期

3.农民王老伯,看到去年姜卖到7块多的价格,心里想我今年要多种些,按照这个价格儿子结婚的房子就不愁了。王老伯的想法体现了营销观念中的(　　)。

A.生产观念　　　　B.产品观念

C.推销观念　　　　D.市场营销观念

4.(　　)主要指一个国家或地区的民族特征、价值观念、生活方式、风俗习惯、宗教信仰、伦理道德、教育水平和语言文字等的总和。

A.社会文化　　B.政治法律　　C.科学技术　　D.自然资源

5.以消费者对商品价值的认知和理解程度作为定价依据的定价法是(　　)。

A.反向定价法　　　　B.理解价值定价法

C.需求差异定价法　　D.竞争价格定价法

6.企业为适应和满足消费者"不在乎价格的多少,而在乎商品能否显示其身份和地位"的消费心理,最适宜用(　　)法。

A.尾数定价 B.招徕定价 C.声望定价 D.整数定价

7.消费者对某种产品的使用率属于( )。

A.地理因素 B.人口因素 C.心理因素 D.行为因素

8.购买决策过程为( )。

A.收集信息→引起需要→评价方案→决定购买→买后行为

B.收集信息→评价方案→引起需要→决定购买→买后行为

C.引起需要→收集信息→评价方案→决定购买→买后行为

D.引起需要→决定购买→收集信息→评价方案→买后行为

9.消费需求客观存在( )。

A.绝对差异性 B.相对同质性

C.相对差异性 D. A 和 B

10.在市场营销实践中,追求利益细分是一种行之有效的细分方式,它属于( )。

A.地理细分 B.人口细分 C.心理细分 D.行为细分

11.当产品进入成长后期时,企业一般采用( )策略。

A.无差异性市场营销 B.差异性市场营销

C.集中性市场营销 D.差异性市场营销或集中性市场营销

12."统一"方便面通过大小批发商和零售商将商品销售给消费者,其销售渠道属于( )。

A.窄渠道 B.短渠道 C.直接渠道 D.间接渠道

13.企业欲在产品分销过程中占有更大的货架空间来为获得较高的市场占有率奠定基础,一般会选择( )策略。

A.统一品牌 B.分类品牌

C.多品牌 D.复合品牌

14.我国现行的《商标法》规定,注册商标的有效期为( )年,保护期满后,只要企业及时续展,就可再获保护,且续展次数不限。

A. 5 B. 10 C. 15 D. 20

15.某企业生产四大类产品,其中每一大类平均有八个产品项目,则产品组合的长度是( )。

A. 4 B. 8 C. 32 D. 12

16.下列选项中不属于营销 4P 的是( )。

A.产品 B.价格 C.促销 D.顾客

17.顾客购买某种商品 100 件以下的单价是 10 元,100 件以上的单价为 9 元,这种折扣属于( )。

A.季节折扣 B.数量折扣

C.现金折扣 D.交易折扣

18.( )是指对那些有较高声誉的名牌高档商品或在名店销售的商品制定较高的价格,以满足消费者求名和炫耀的心理。

A.撇脂定价　　B.声望定价　　C.习惯定价　　D.尾数定价

19.某保险公司在推出新产品时往往把价格尽可能定高,之后随着销量和产量的扩大,再逐步降价,这家公司采用的是(　　)策略。

A.新产品价格　　B.渗透定价

C.随行就市定价　　D.撇脂定价

20.小江要去超市买沐浴露,但是最后因为香皂打折就买了3块,这是由于沐浴露和香皂是(　　)。

A.替代品　　B.配套品　　C.同类品　　D.互补品

二、多项选择题(本大题共5小题,每小题3分,共15分。在每小题给出的选项中,有两个或两个以上选项符合题目要求。多选、错选、漏选均不得分)

1.不拥有商品所有权的中间商有(　　)。

A.批发商　　B.零售商

C.寄售商　　D.销售代理商

2.心理定价的策略主要有(　　)。

A.声望定价　　B.整数定价

C.尾数定价　　D.基点定价

E.招徕定价

3.对社会购买力直接或间接影响的因素有(　　)。

A.消费者收入　　B.价格水平

C.储蓄　　D.信贷

E.市场规模大小

4.企业在决定为多个子市场服务时可供选择的策略有(　　)。

A.大量市场营销　　B.无差异性市场营销

C.差异性市场营销　　D.集中性市场营销

E.大市场营销

5.企业针对成熟期的产品所采取的市场营销策略,具体包括的途径是(　　)。

A.改进市场策略　　B.改进产品策略

C.改进营销组合策略　　D.继续维持策略

E.集中策略

三、案例选择题(本题共三大题,每大题5小题,每小题2分,共30分)

案例一:山水豆腐闯北美

山水豆腐公司在中国是有一定知名度的,但是,他们一直只在国内销售。公司老板为了扩展业务,决定从国际化的角度考虑全公司的经营。他们在开拓国外市场时,把美国这个消费最大的市场作为进攻目标。首先,公司反复派人员到美国实地考察。他们在考察中发现,豆腐这种低热量、高蛋白的天然食品是会受到注重保健的美国人青睐的。

同时，他们了解到美国市场目前的豆腐容量是每年 7 000 万美元左右，但却有韩国、日本、中国和美国经营的 200 家豆制品公司参与竞争。山水豆腐公司做出决策：在美国设厂生产豆腐，但必须使自己的产品适合美国人的饮食习惯和适应美国超级市场的销售方式。1995 年 11 月，山水豆腐公司与美国当地一家公司合营，开始在美国市场销售豆腐，以“白云”商标把产品投入市场。为了使产品在超级市场的货架上醒目，豆腐的包装采用的是颜色鲜艳的密封透明塑料盒。与此同时，山水豆腐公司还聘请医生在电视等广告媒体上介绍豆腐的营养和对人体的保健作用，并介绍豆腐的食用方法和烹调技术。在推销方法上，山水公司采取了既利用大型批发商的销售网，又直接向超级市场供货的双管齐下推销术。经过几年的经营，山水豆腐公司在美国豆腐市场上已有很大的占有率，在加州，山水豆腐公司已占据市场销量的 85%～90%，成为美国最大的豆腐公司，拥有从业人员 64 人，月产豆腐 100 万块。1998 年，该公司又建一条生产豆浆的生产线，正雄心勃勃地开拓保健饮料的业务。

结合案例，完成以下题目：

1.山水豆腐公司充分认识到，一个产品要想在国际市场上站稳脚跟，最大的和最深远的影响因素来自(　　)。

A.促销方式　　B.烹调技术　　C.文化因素　　D.产品商标

2.山水豆腐公司在产品设计上做了哪些调整？(　　)

A.产品核心　　B.包装功能　　C.产品功能　　D.所有上述

3. 1998 年，该公司又建了一条生产豆浆的生产线，这说明公司增加了产品的(　　)。

A.宽度　　B.深度　　C.可信度　　D. A 和 B

4.公司选择保健属性作为市场定位的依据主要是出于什么考虑？(　　)

A.美国人的生活习惯　　B.竞争者抗衡

C.顾客群的需求　　D.所有上述

5.聘请医生做广告的主要目的是(　　)。

A.增加知名度　　B.树立企业形象

C.增加信任度　　D.所有上述

案例二

德国的奔驰轿车，售价二十万马克；瑞士雷克斯(ROCOS)手表，价格为五位数；巴黎里约时装中心的服装，一般售价两千法郎；我国的一些国产精品也多采用这种定价方式。当然，采用这种定价法必须慎重，一般商店、一般商品滥用此法，弄不好会失去市场。

结合案例，完成以下题目：

6.文中提到的“这种定价法”体现了以下哪一种新产品定价策略？(　　)

A.渗透定价策略　　B.撇脂定价策略

C.满意定价策略　　D.高调定价策略

7.以下关于这种定价策略说法不正确的是(　　)。

A.适用于新产品,需求缺乏弹性　　B.不利于开拓市场
C.能吓跑竞争者　　D.让人产生高档产品的印象

8.这种定价策略为企业带来的好处是(　　)。
A.迅速增加市场份额　　B.短期获得高额利润
C.对不同的顾客产生不同的影响　　D.让顾客满意

9.案例中“二十万马克”“两千法郎”也体现了哪种心理定价策略,符合此类产品的定价原则是(　　)。
A.尾数定价　　B.整数定价　　C.声望定价　　D.习惯定价

10.(多项选择题)商品的价格构成通常包含哪些要素?(　　)
A.生产成本　　B.流通费用　　C.税金　　D.利润

案例三

杭州娃哈哈集团有限公司成立于1987年,现已发展成为中国规模最大、效益最好的饮料企业之一。怎样能让全中国60万个城乡小店的柜台上一周之内都摆上自己的新产品?娃哈哈做到了。可口可乐中国区的总裁曾感叹道:“其他均可与娃哈哈比,但进入市场的速度无法与娃哈哈比。”而这一切都要归功于娃哈哈的强势销售渠道网络建设。其成功经验主要表现在:

第一,建立厂商双赢的联销体,与经销商共创品牌。

1996年始,娃哈哈第一次进行销售渠道网络改造,即从国营批发渠道转到独具娃哈哈特色的厂商之间实行双赢的联销体制度。娃哈哈在全国31个省市选择了1 000多家具有先进理念、较强经济实力、较高忠诚度、能控制一方的经销商,组成了能够覆盖几乎全国的每一个乡镇的厂商联合销售体系,形成了强大的销售渠道网络。

第二,构建稳定有序的共享网络,实行销售区域责任制。

娃哈哈在联销体的基础上通过建立特约二批商营销网络,不仅加强了娃哈哈产品的快速渗透力,同时也提高了经销商对市场的控制力,娃哈哈的营销网络可以保证新产品在出厂后一周内迅速铺进全国各地60万家零售店,同时与大江南北、沿海内陆广大消费者见面。

第三,调整经销商网络,加强终端控制力。

从2009年年底开始,娃哈哈再次调整经销商网络,使其销售终端在原有的三级通路(经销商—二级批发商—终端)基础上,新增二级通路(经销商—终端)。饮料行业目前最大的增长来自4～5级市场,覆盖了绝大部分的乡镇村。正是因为娃哈哈遍布城乡、无以匹敌的强势营销网络,以及和经销商的合作,使娃哈哈营业收入持续上升。

结合案例,完成以下题目:

11.从这个案例中可以看出,娃哈哈采用的是何种分销渠道策略?(　　)
A.宽渠道　　B.窄渠道

12.(多项选择题)与娃哈哈同类的商品,选择该种渠道的原因通常有(　　　)。

A.需求多　　B.购买频繁

C.适用广　　D.购买者追求快捷

13.娃哈哈选择了以下哪种分销渠道方式？(　　)

A.直接渠道　　B.间接渠道

14.如果有一天，娃哈哈生产并销售儿童医疗装备，它应该选择以下哪种渠道策略？(　　)

A.长渠道　　B.短渠道

15.(多项选择题)以下哪些因素影响分销渠道的选择？(　　　　)

A.产品因素　　B.市场因素

C.企业本身因素　　D.经济因素

E.政府政策因素

四、案例分析题(共15分)

资生堂细分“岁月”

日本的化妆品首推资生堂。近年来，资生堂连续在各种评比中名列日本各化妆品公司榜首。资生堂之所以长盛不衰，与其独具特色的营销策略密不可分。

一、独创品牌分生策略

与一般化妆品公司不同，资生堂对其公司品牌的管理采取所谓品牌分生策略。该公司以主要品牌为准，对每一品牌设立一个独立的子公司。这样，每个子公司可以针对这一品牌目标顾客的不同情况，制定独立的产品价格、促销策略；同时，公司内部品牌与品牌之间、子公司与子公司之间也要进行激烈竞争。例如，20世纪90年代初，该公司推出了以年龄在20岁左右、购买能力较低、对知名品牌敬而远之、对默默无闻的品牌能自主选择的女性为目标顾客，推出“ETTUSAIS”系列化妆品。该品牌的营销管理比较特别：在东京银座一楼专卖“ETTUSAIS”系列品的商店中，陈列的品种达30多种，顾客可以当场试用，且价格也较低。考虑到目标顾客的思想行为特点，他们在“ETTUSAIS”系列化妆品包装上一律不写资生堂的名字，让人不易觉察这是大名鼎鼎的资生堂的产品。通常，一般店铺中，顾客一上门，售货员就会做一大串说明，而资生堂“ETTUSAIS”店则规定，除非顾客主动询问，售货员绝不能对其进行干扰，为这些年轻女性创造一种能完全独立自主挑选的购物气氛。

二、体贴不同岁月的脸

20世纪80年代以前，资生堂实行的是一种不对顾客进行细分的大众营销策略，即希望自己的每种化妆品对所有的顾客都适用。80年代中期，资生堂因此遭到重大挫折，市场占有率下降。1987年，公司经过认真反省以后，决定由原来的无差异的大众营销转向个别营销，即对不同顾客采取不同营销策略，资生堂提出的口号便是“体贴不同岁月的脸”。他们对不同年龄阶段的顾客提供不同品牌的化妆品。为十几岁少女提供的是RECIENTE系列，20岁左右的是ETTUSAIS系列，四五十岁的中年妇女则有长生不老ELIXIR系列，50岁以上的妇女则可以用防止肌肤老化的资生堂返老还童RIVITAL系列。资生堂不像一般的化妆品公司那样，对零售商有较大的依赖，它有自己独立的销售渠道，旗下专卖店(柜)达25 000多家。

结合案例，完成以下题目：

1.企业的目标市场策略有哪些？(4分)

2. 20世纪80年代以前，资生堂采用的目标市场策略是什么？(3分) 1987年后，资生堂采用的目标市场策略是什么？(3分)

3.资生堂准备推出一款护手霜，总投资1 000万，其中固定成本为30万，单位可变成本为50元，预计销量为10万，要想达到30%的收益率，产品的销售单价应为多少？(5分)

附二 参考答案

第二章 市场营销观念的演变

一、单项选择题

1.D 2.B 3.D 4.A 5.B 6.C 7.B 8.A 9.A 10.B
11.D 12.B 13.C 14.C 15.D 16.B 17.A 18.A 19.A 20.A

二、多项选择题

1.ACD 2.BCD 3.ABCD 4.BCD 5.BCD

三、判断题

1.A 2.B 3.B 4.B 5.B 6.A 7.B 8.A 9.A 10.A
11.A 12.B 13.B 14.A 15.B 16.A 17.B 18.A 19.A 20.B

四、案例选择题

1.D 2.E 3.ABC 4.ACD 5.A

第三章 市场分析

一、单项选择题

1.D 2.D 3.A 4.B 5.C 6.A 7.C 8.A 9.D 10.A
11.C 12.A 13.A 14.D 15.B 16.A 17.B 18.B 19.C 20.D

二、多项选择题

1.BCD 2.AB 3.ABCD 4.ABCD 5.ABCDE

三、判断题

1.B 2.A 3.B 4.B 5.A 6.A 7.B 8.A 9.B 10.A
11.B 12.A 13.A 14.B 15.A 16.A 17.B 18.A 19.A 20.B

四、案例选择题

1.D 2.C 3.B 4.A 5.A

第四章　市场细分和目标市场

一、单项选择题

1.A　2.D　3.C　4.B　5.A　6.C　7.C　8.A　9.A　10.A
11.D　12.C　13.A　14.A　15.C　16.A　17.A　18.D　19.A　20.B

二、多项选择题

1.ACDE　2.ADE　3.AB　4.BC　5.AB

三、判断题

1.B　2.B　3.B　4.A　5.B　6.B　7.A　8.B　9.A　10.B
11.B　12.B　13.A　14.B　15.B　16.B　17.B　18.B　19.B　20.B

四、案例选择题

1.D　2.ABC　3.B　4.D　5.B

第五章　产品策略

一、单项选择题

1.A　2.C　3.D　4.B　5.B　6.B　7.D　8.B　9.D　10.C
11.A　12.B　13.C　14.A　15.A　16.C　17.D　18.C　19.B　20.D

二、多项选择题

1.ABC　2.ABCD　3.ABCD　4.ABCD　5.ABD

三、判断题

1.A　2.B　3.B　4.B　5.A　6.B　7.B　8.A　9.B　10.B
11.B　12.A　13.B　14.A　15.B　16.A　17.B　18.A　19.A　20.A

四、案例选择题

1.C　2.C　3.D　4.A　5.C

第六章　定价策略

一、单项选择题

1.B　2.B　3.B　4.C　5.A　6.B　7.D　8.B　9.C　10.A
11.B　12.D　13.A　14.A　15.B　16.A　17.A　18.B　19.D　20.C

二、多项选择题

2.ACD　2.ABCDEF　3.AD　4.ACE　5.ABCDE

三、判断题

1.B　2.B　3.A　4.B　5.A　6.A　7.B　8.A　9.A　10.A

11.B　12.B　13.A　14.B　15.A　16.B　17.A　18.A　19.A　20.A

四、案例选择题

1.D　2.D　3.B　4.A　5.C

第七章　分销渠道

一、单项选择题

1.B　2.C　3.A　4.D　5.D　6.A　7.B　8.D　9.C　10.B

11.C　12.A　13.C　14.B　15.A　16.A　17.B　18.D　19.B　20.A

二、多项选择题

1.ABC　2.BC　3.AB　4.ABCD　5.ABD

三、判断题

1.B　2.A　3.A　4.B　5.A　6.A　7.A　8.A　9.A　10.B

11.B　12.A　13.A　14.B　15.A　16.B　17.B　18.B　19.B　20.A

四、案例选择题

1.A　2.B　3.A　4.D　5.A

第八章　促销策略

一、单项选择题

1.B　2.D　3.C　4.D　5.A　6.C　7.C　8.B　9.D　10.A

11.A　12.B　13.B　14.C　15.B　16.D　17.D　18.A　19.C　20.D

二、多项选择题

1.ABD　2.ABCD　3.AB　4.BCD　5.AB

三、判断题

1.A　2.A　3.B　4.B　5.B　6.B　7.B　8.A　9.A　10.B

11.B　12.B　13.B　14.B　15.B　16.A　17.A　18.A　19.A　20.B

四、案例选择题

1.CD　2.B　3.A　4.C　5.B

附一　综合模拟试卷

综合模拟试卷一

卷Ⅰ　合格卷

一、单项选择题

1.B　2.C　3.B　4.D　5.D　6.B　7.D　8.C　9.C　10.D
11.D　12.D　13.C　14.C　15.A　16.B　17.A　18.B　19.A　20.B
21.D　22.C　23.B　24.B　25.B　26.C　27.A　28.A　29.B　30.B
31.A　32.D　33.B　34.B　35.C　36.A　37.B　38.D　39.D　40.C
41.C　42.D　43.D　44.A　45.B　46.A　47.C　48.B　49.D　50.D

二、判断题

1.A　2.B　3.A　4.B　5.B　6.B　7.B　8.A　9.B　10.B
11.B　12.A　13.B　14.B　15.B　16.A　17.B　18.B　19.A　20.B
21.A　22.B　23.A　24.A　25.B

卷Ⅱ　等级卷

一、单项选择题

1.C　2.A　3.A　4.B　5.A　6.C　7.D　8.B　9.D　10.B
11.C　12.C　13.B　14.D　15.B　16.D　17.D　18.A　19.B　20.B

二、多项选择题

1.ACD　2.CDE　3.ABCD　4.ABCD　5.ABCDE

三、案例选择题

案例一:1.D　2.A　3.B　4.C　5.A
案例二:6.A　7.D　8.C　9.A　10.B
案例三:11.B　12.D　13.C　14.B　15.D

四、案例分析题

1.D　2.C

3.参考答案:

市场营销策略有无差异性营销、差异性营销和集中性营销。(1分)

无差异性营销是把整体市场作为企业的目标市场。(2分)

差异性营销是企业把产品的整体市场划分为若干个细分市场,选择两个以上乃至全部细分市场作为目标市场,按照不同子市场的不同需求,分别制定不同的市场营销组合,分别开展不同的市场营销活动。(2分)

集中性营销是指企业集中所有力量，进入一个细分市场，力图在这些子市场中占有较大的市场份额。(2分)

在选择目标市场营销策略应考虑的因素有：企业状况、产品特点、市场特点、产品生命周期、竞争者策略等。(2分)

综合模拟试卷二

卷Ⅰ　合格卷

一、单项选择题

1.D	2.A	3.C	4.B	5.B	6.A	7.D	8.D	9.C	10.C
11.B	12.C	13.C	14.A	15.A	16.A	17.B	18.C	19.B	20.C
21.B	22.A	23.D	24.B	25.C	26.C	27.A	28.B	29.B	30.B
31.D	32.D	33.B	34.D	35.C	36.C	37.B	38.C	39.B	40.A
41.B	42.A	43.C	44.C	45.D	46.B	47.C	48.C	49.D	50.B

二、判断题

1.B	2.A	3.B	4.A	5.A	6.A	7.A	8.A	9.A	10.A
11.B	12.A	13.A	14.B	15.B	16.B	17.B	18.B	19.B	20.A
21.B	22.B	23.B	24.A	25.B					

卷Ⅱ　等级卷

一、单项选择题

1.A	2.B	3.A	4.C	5.B	6.B	7.D	8.C	9.B	10.A
11.B	12.C	13.A	14.C	15.B	16.A	17.C	18.B	19.B	20.C

二、多项选择题

1.ABCE　2.AC　3.ABCD　4.ABCD　5.ABC

三、案例选择题

案例一：1.A　2.B　3.A　4.C　5.A

案例二：6.B　7.B　8.B　9.C　10.B

案例三：11.D　12.C　13.C　14.B　15.B

四、案例分析题

1.目标市场营销策略的种类有无差异性、差异性和集中性营销策略三种。(3分)

江崎糖业公司选择成人泡泡糖作为目标市场，采用的是集中性市场营销策略。(2分)

2.(1)市场定位就是根据所选定目标市场上的竞争产品所处的位置和企业自身的条件，从各方面为企业和产品创造一定的特色，塑造并树立特定的市场形象，以求在目标顾客心目中形成一种特殊的偏爱。(2分)

(2)公司可以采用的市场定位策略有迎头定位、避强定位、重新定位和寻找市场定位策略等。(4分)

(3)公司采用的是寻找市场定位策略。(2分)

采用该策略的好处是:市场空白,没有被竞争者占领,江崎糖业公司有针对性地开展综合营销措施,定位准确,为企业带来极大的成功。(2分)

综合模拟试卷三

卷Ⅰ 合格卷

一、单项选择题

1.B 2.B 3.D 4.C 5.D 6.B 7.B 8.D 9.C 10.B
11.D 12.A 13.A 14.B 15.B 16.C 17.C 18.B 19.D 20.C
21.B 22.B 23.C 24.D 25.C 26.B 27.C 28.C 29.B 30.C
31.D 32.B 33.C 34.B 35.A 36.D 37.A 38.A 39.C 40.D
41.A 42.A 43.A 44.B 45.D 46.D 47.B 48.B 49.C 50.D

二、判断题

1.B 2.B 3.B 4.A 5.B 6.B 7.A 8.B 9.B 10.A
11.B 12.B 13.B 14.B 15.B 16.A 17.A 18.B 19.B 20.B
21.B 22.B 23.B 24.A 25.A

卷Ⅱ 等级卷

一、单项选择题

1.B 2.A 3.B 4.C 5.C 6.B 7.B 8.B 9.B 10.A
11.D 12.A 13.C 14.D 15.B 16.C 17.D 18.A 19.B 20.C

二、多项选择题

1.ABC 2.BCD 3.AB 4.ABD 5.BD

三、案例选择题

案例一:1.ABD 2.AD 3.C 4.A 5.C
案例二:6.C 7.D 8.BD 9.C 10.B
案例三:11.B 12.AC 13.A 14.AC 15.AB

四、案例分析题

1.改进新产品。

2.成熟期。

3.选择分销策略。

4.采用的是撇脂定价策略。优点:①迅速回笼资金;②树立高端产品形象。

缺点:①过高的价格容易诱发竞争,限制市场的开拓;②价格过高有可能不被消费者接受,导致产品积压,造成亏损。

应具备的基本条件:

①市场有足够的购买者,他们的需求缺乏弹性,对价格不敏感。

②产品新颖、有特色，而且顾客特别看重产品的差异。

③竞争者短期内不易打入该产品的市场。

综合模拟试卷四

卷Ⅰ　合格卷

一、单项选择题

1.C	2.B	3.B	4.C	5.A	6.C	7.A	8.A	9.B	10.D
11.C	12.A	13.B	14.B	15.B	16.A	17.C	18.A	19.C	20.C
21.A	22.C	23.B	24.A	25.B	26.C	27.C	28.A	29.D	30.C
31.D	32.B	33.B	34.C	35.A	36.B	37.A	38.D	39.B	40.B
41.A	42.A	43.D	44.D	45.B	46.B	47.D	48.C	49.D	50.C

二、判断题

1.B	2.A	3.A	4.B	5.B	6.B	7.B	8.A	9.B	10.B
11.A	12.A	13.B	14.B	15.A	16.A	17.B	18.A	19.B	20.B
21.A	22.B	23.A	24.B	25.A					

卷Ⅱ　等级卷

一、单项选择题

1.C	2.A	3.B	4.D	5.A	6.B	7.A	8.D	9.D	10.D
11.C	12.D	13.C	14.B	15.C	16.D	17.D	18.C	19.B	20.D

二、多项选择题

1.BCD　2.BCD　3.ABC　4.CDE　5.ACE

三、案例选择题

案例一：1.C　2.B　3.C　4.B　5.C

案例二：6.B　7.B　8.B　9.A　10.B

案例三：11.A　12.B　13.C　14.C　15.B

四、案例分析题

1.B　2.A　3.A

4.(240＋0.5×200)/200＝1.7(元)

5.(1)原材料上涨导致成本上升；

(2)产品供不应求。

综合模拟试卷五

卷Ⅰ　合格卷

一、单项选择题

1.B	2.B	3.A	4.D	5.D	6.A	7.A	8.C	9.A	10.D

11.B　12.B　13.B　14.B　15.C　16.A　17.B　18.D　19.C　20.A
21.C　22.B　23.C　24.C　25.A　26.C　27.A　28.A　29.C　30.A
31.A　32.C　33.A　34.A　35.C　36.B　37.A　38.A　39.B　40.D
41.A　42.B　43.B　44.A　45.B　46.A　47.C　48.B　49.D　50.A

二、判断题

1.A　2.B　3.B　4.A　5.A　6.B　7.A　8.A　9.B　10.B
11.B　12.B　13.A　14.B　15.A　16.A　17.A　18.A　19.B　20.B
21.A　22.A　23.A　24.B　25.A

卷Ⅱ　等级卷

一、单项选择题

1.A　2.C　3.A　4.A　5.B　6.C　7.D　8.C　9.C　10.D
11.D　12.D　13.C　14.B　15.C　16.D　17.B　18.B　19.D　20.A

二、多项选择题

1.CD　2.ABCE　3.ABCD　4.BCD　5.ABC

三、案例选择题

案例一：1.C　2.B　3.A　4.C　5.C
案例二：6.B　7.C　8.B　9.B　10.ABCD
案例三：11.A　12.ABCD　13.B　14.B　15.ABCDE

四、案例分析题

1.无差异性目标市场策略、差异性目标市场策略、集中性目标市场策略。

2.(1)20 世纪 80 年代前采用的是无差异性目标市场策略。

(2)1987 年后采用的是差异性目标市场策略。

3.产品的销售单价$=\dfrac{销售额}{销售量}$

$$=\frac{固定成本+变动成本+利润}{销售量}$$

$$=\frac{固定成本+单位可变成本\times销售量+总投资\times预期收益率}{销售量}$$

$$=\frac{30+50\times10+1\,000\times30\%}{10}$$

$$=83(元)$$